그림으로 보는 세종 대왕

교과서에 나오는 한국사 인물

교과서에 나오는 한국사 인물
그림으로 보는 세종 대왕

개정판 1쇄 발행 2022년 5월 10일
개정판 4쇄 발행 2024년 11월 10일

글 김미애 | **그림** 우지현 | **감수** 황은희

발행인 오형석
편집장 이미현 | **편집** 정은혜 | **디자인** 이희승
발행처 (주)계림북스
신고번호 제2012-000204호 | **등록일자** 2000년 5월 22일
주소 서울시 마포구 창전로 74 여촌빌딩 3층
대표전화 (02)7079-900 | **팩스** (02)7079-956
도서문의 (02)7079-913
홈페이지 www.kyelimbook.com

ⓒ김미애, 2022
이 책에 실린 글과 그림, 사진의 무단 전재나 복제를 금합니다.

ISBN 978-89-533-3458-8 74900 | 978-89-533-3457-1(세트)

교과서에 나오는 한국사 인물

그림으로 보는 세종 대왕

글 김미애 | 그림 우지현 | **감수** 황은희(서울창원초등학교 교사)

계림북스
kyelimbooks

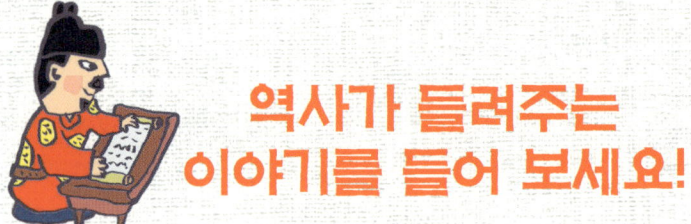

역사가 들려주는 이야기를 들어 보세요!

　우리는 왜 역사를 배울까요? 역사 속 이야기를 통해 우리 조상들이 살았던 삶과 그들의 생각을 엿볼 수 있기 때문이죠. 또한 역사에 대한 지식과 상상력, 그리고 사고력을 키울 수 있지요. 역사는 세상을 바로 보는 눈을 키워 주고, 앞으로 어떻게 살아야 할지도 생각하게 해 준답니다.

　그렇다면 우리는 어떻게 역사를 알 수 있을까요? 우리가 역사와 만날 수 있는 방법은 매우 다양해요. 그중 하나가 바로 역사 속 인물의 이야기를 듣는 거예요. 특히 우리 역사를 빛낸 위인의 이야기는 그 시대의 역사적 사실을 이해하는 데 많은 도움을 줘요. 그들이 이룬 업적뿐 아니라, 잘 알려지지 않았던 소소한 이야기들을 통해 그들의 삶을 폭넓게 이해할 수 있지요.

    〈그림으로 보는 세종 대왕〉은 백성을 사랑하는 마음으로 많은 업적을 세운 세종 대왕에 대한 이야기예요. 이 책을 통해 세종 대왕이 나라를 이끌어 가기 위해 어떤 생각을 하고, 어떤 노력을 해 왔는지 알 수 있어요. 또 지혜와 용기를 발휘해 어려움을 이겨 내고 나라를 지키는 모습에서 많은 교훈을 얻을 수 있을 거예요.

    어린이 여러분, 지금부터 〈그림으로 보는 세종 대왕〉이 들려주는 역사 이야기를 들어 보세요. 위인들의 노력과 도전 정신을 배워, 앞으로 우리가 만들어 갈 역사와 나의 미래를 설계해 보는 시간도 가져 보세요.

〈그림으로 보는 한국사〉 저자
황은희

차례

왕이 되다

- **세자가 된 셋째 왕자, 충녕** ········ 12
  - 눈만 뜨면 책을 읽는 아이
  - 양녕이 세자 자리에서 쫓겨났어요
  - 충녕은 왜 세자가 되었을까요?
  - 이도, 원정, 충녕 모두 세종을 부르는 이름이에요

- **왕의 자리는 힘들어!** ········ 20
  - 스물두 살에 왕이 되었어요
  - 반쪽짜리 왕, 세종
  - 태종은 아들의 왕권을 튼튼히 해 주었어요

한국사 배움터 ········ 25
조와 종, 대군과 군은 어떻게 다를까요?

- **참된 왕으로 성장하는 세종** ········ 26
  - 하루 24시간이 모자랐어요
  - 나라 재산이 쑥쑥 불어났어요
  - 집현전을 두었어요
  - 대마도는 조선의 옛 지도에 포함되어 있었어요
  - 도둑질을 하던 왜구들을 끌어안았어요
  - 조선 최고 통신사, 이예

한국사 배움터 ········ 32
세종은 하루를 어떻게 보냈을까요?

인물 놀이터 숨은그림찾기 ········ 34

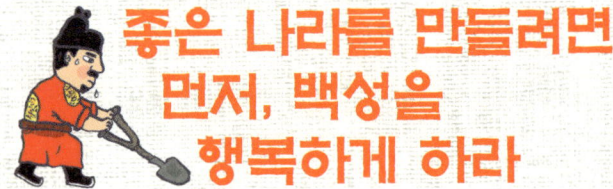

좋은 나라를 만들려면 먼저, 백성을 행복하게 하라

- **끊임없이 질문하는 세종** ········ 38
  - 백성을 아끼고 사랑했어요
  - 세종은 묻고 또 물었어요
  - 과거를 볼 때도 질문을 했어요

- **높은 관리부터 평민까지, 백성들의 생각이 궁금해** ········ 42
  - 더 좋은 세금 제도가 필요했어요
  - 우리나라 최초의 대규모 설문 조사
  - 새로운 세금 제도 '공법'이 궁금해!

- **백성의 입장에서 생각했어요** ········ 48
  - '고약해'는 왜 벼슬에서 쫓겨났을까요?
  - 백성에게 빌려준 쌀을 거두지 마라

조선 왕조 500년의 기틀을 세우다

한국사 배움터 ·········· 52
어려운 백성을 구하기 위한 제도를 알아볼까요?

- 굶주린 백성의 세금을 덜어 주어라
- 백성을 굶어 죽게 한 고을 관리를 매우 쳐라
- 아기를 낳은 노비에게 휴가를 주어라
- 금화도감을 설치하라

• **백성은 나라의 근본이고, 밥은 백성의 하늘이다** 60
- 흙으로 떡과 죽을 만들어 먹었어요
- 초가집에 살며 손수 농사를 지었어요

한국사 배움터 ·········· 64
경복궁 안에는 어떤 건물이 있을까요?

- 버려진 땅을 일구어 농사를 지어라
- 조선 시대 농기구
- 〈농사직설〉 한 권이면 농사가 뚝딱!
- 우리 몸에 맞는 우리 의학책, 〈향약집성방〉

인물 놀이터 미로 찾기 ·········· 72

• **재주 있는 사람은 나라의 보물이야** ·········· 76
- 세종은 어떤 사람을 좋아했을까요?
- 집현전 학사들을 아꼈어요
- 집에서 책을 읽으며 쉬어라
- 신하에게 옷을 벗어 주었어요
- 중국으로 유학을 보내 주었어요

• **재주 있는 인재를 키워 냈어요** ·········· 84
- 세종은 왜 황희에게 지팡이를 주었을까요?
- 노비면 어때!
- 장영실 손은 마술 손
- 학문과 음악적 재능을 고루 갖춘 박연
- 궁중 음악을 완성했어요

• **백성과 나라를 위한 훌륭한 발명품** ·········· 94
- 세종은 왜 과학 발전에 힘을 쏟았을까요?
- 비의 양을 재는 세계 최초의 측우기
- 해 그림자로 시간과 계절을 알려 주는 앙부일구
- 스스로 시간을 알려 주는 자동 물시계, 자격루
- 별의 움직임과 위치를 측정하는 혼천의
- 글자 모양이 아름답고 정확한 금속 활자, 갑인자

우리 문자, 훈민정음을 만들다

한국사 배움터 102
뛰어난 조선의 과학

• **나라를 다스릴 때 음악도 중요해** 104
　– 우리 민족에게는 우리 음악이 필요해
　– 음악을 만드는 세종
　– 막대기로 바닥을 쳐서 음악을 만들었다고?

한국사 배움터 110
천재 음악가 박연을 가르친 세종

• **여진족을 몰아내고 조선 땅을 넓혔어요** 112
　– 우리 땅은 조금도 줄일 수 없다
　– 최윤덕과 김종서는 우리 땅을 지켜라
　– 전설의 섬, 요도를 찾아라

• **세종의 건강이 나빠졌어요** 116
　– 여러 가지 병에 걸렸어요
　– 나랏일을 정승 중심으로 바꾸었어요
　– 왕세자에게 일을 넘겨주었어요
　– 시간이 많아진 세종은 무슨 일을 했을까요?
　– 세종장헌영문예무인성명효대왕

인물 놀이터 다른 그림 찾기 124

• **세종, 우리 문자를 꿈꾸다** 128
　– 옛날 우리나라에는 글자가 없었대요
　– 좋은 책을 만들어도 읽지 못했어요
　– 어려운 한자를 쉽게 바꾸어 써 볼까요?

한국사 배움터 131
우리말을 쓴 글자, 향찰, 이두, 구결!
　– 법 내용을 백성들에게 알려라!
　– 아들이 아버지를 죽였단 말이 참말이냐?
　– 백성들도 읽을 수 있는 글자가 필요해

• **마침내, 우리 문자 훈민정음을 만들었어요!** 136
　– 해부학책도 보고, 피리도 불고
　– 백성을 가르치는 바른 소리, 훈민정음
　– 배우기 쉽고 쓰기 쉬운 아침 글자
　– 닿소리 글자를 만들었어요
　– 홀소리 글자를 만들었어요
　– 글자 'ㆆ, ㅿ, ㆁ, ㆍ'이 없어졌어요

• **나랏말씀을 만들어 알린 날** 148
　– 쉿, 훈민정음은 아무도 모르게 만들었어요
　– 새 글자를 만드는 것은 오랑캐나 하는 짓입니다
　– 우리는 훈민정음을 만드는 데 찬성합니다

21세기에도 살아 있는 세종

- 신하들에게 벌을 주었어요
- **임금이 먼저 훈민정음을 썼어요** ········· 156
  - 정음청을 설치하여 훈민정음을 널리 알려라
  - 세종은 왜 〈용비어천가〉를 지었을까요?
  - 훈민정음으로 시험을 본다고?
  - 아들 수양대군에게 훈민정음으로 글을 쓰게 했어요
  - 훈민정음으로 직접 문서를 썼어요

한국사 배움터 ········· 163
훈민정음으로 쓰인 작품은 어떤 것이 있을까요?

인물 놀이터 알맞은 그림 연결하기 ········· 164

- **세계로 뻗어 가는 한글** ········· 168
  - 한국이 궁금한 친구들, 세종학당으로 모여라!
  - 훈민정음, 세계 기록 유산이 되다
  - 한글을 칭찬합니다

한국사 배움터 ········· 172
우리나라에 있는 세계 기록 유산을 찾아라!

- **'세종'이 들어가는 말을 찾아라!** ········· 174
  - 남극 세종 과학 기지
  - 소행성 '7365 세종'
  - 유네스코에서 만든 세종 대왕상
  - 화폐의 모델이 된 세종

- **세종을 만나러 가 보자** ········· 178
  - 세종 대왕 영릉과 유물 전시관
  - 세종 대왕 기념관
  - 광화문역에서 만나는 '세종이야기'
  - 국립한글박물관

인물 놀이터 낱말 찾기 ········· 182

인물 놀이터 정답 ········· 184

〈부록〉 세종 대왕 연보

고려 말, 귀족들의 횡포로 나라가 어려워지자 이성계가 새로운 나라를 세우고 왕이 되었어요. 이 나라가 바로 조선이에요.
조선은 왕의 큰아들이 왕위를 물려받았어요. 그런데 조선 3대 왕 태종은 셋째 아들 세종에게 왕위를 물려주었어요. **세종은 어떻게 왕이 되었을까요?**
스물두 살, 어린 나이에 왕이 된 세종은 어떻게 나라를 다스렸을까요?
세종의 마음과 세종이 한 일을 따라 가며 함께 알아보아요.

왕이 되다

세자가 된 셋째 왕자, 충녕

눈만 뜨면 책을 읽는 아이

충녕은 조선 3대 왕인 태종의 셋째 아들이에요. 충녕은 어릴 때부터 책 읽기를 좋아해 밤이나 낮이나 손에서 책을 놓지 않았어요. 밥을 먹을 때도 양쪽에 책을 펼쳐 놓았지요. 책에는 많은 지식과 재미있는 이야기가 가득했기 때문이에요. 한번은 충녕이 병이 나 몇 달 동안 앓아누운 적이 있었는데, 그때에도 책을 읽느라 제대로 쉬지 않았어요.

왕이 되다

앗, 책이다!

책은 다 나오신 뒤에….

태종은 충녕의 건강이 걱정되어 책을 모두 빼앗아 감추라고 명령했어요. 그런데 병풍 밑에 책이 한 권 끼어 있지 뭐예요? 충녕은 신나서 날마다 그 책을 보았어요. 자그마치 천 번이나 읽었지요. 충녕은 점점 지식이 쌓이고 학문이 깊어졌어요. 학사들이 충녕의 학문에 감탄했을 뿐 아니라, 온 나라에 소문이 날 정도였답니다.

★학사 학문을 연구하는 사람이에요.

양녕이 세자 자리에서 쫓겨났어요

양녕은 태종의 맏아들로 열살 때 세자로 책봉되었어요. 하지만 양녕은 공부보다 자유롭게 노는 것을 더 좋아했어요. 이런저런 핑계로 공부를 게을리하고, 음악을 연주하는 사람을 불러 놀거나 사냥을 다녔지요. 심지어 궁궐 안에서 매를 키우느라 공부를 빼먹기 일쑤였어요.

★**세자** 임금의 자리를 이을 아들이에요.
★**책봉** 임금이 왕비나 세자·세자빈 등을 정하는 것이에요.

왕이 되다

이 사실을 안 태종이 양녕을 크게 꾸짖고, 궁궐에서 쫓아냈어요.
하지만 양녕은 반성은커녕 말타기와 사냥, 놀기를 계속했지요. 태종은
그런 양녕에게 크게 실망하여 왕위를 물려줄 수 없다고 생각했어요.
"더는 안 되겠다. 아무리 적장자라지만 양녕은 품성이 모자라고
공부를 게을리해서 왕의 자리와 어울리지 않는다."
그러고는 눈물을 머금고 양녕을 세자의 자리에서 쫓아냈어요.

★**적장자** 왕비가 낳은 맏아들이에요.

15

충녕은 왜 세자가 되었을까요?

"세자는 몸가짐이 바르고 어질어야 한다."

태종은 양녕 아래로 효령, 충녕, 성녕, 세 아들을 더 두었어요. 그중 막내인 성녕은 일찍 죽고 두 아들 중에 누구를 세자로 정할지 고민했지요. 효령은 착하나 정치에 통 관심이 없었어요. 충녕은 공부를 좋아하고 부지런하며 예의가 발랐어요.

또한 마음이 착해 불쌍한 사람을 그냥 지나치지 못했어요.

어느 날, 충녕이 신하와 길을 가는데 구걸하는 사람들이 있었어요.

"나라에서 굶주린 백성을 도와준다는데, 저는 도움을 받지 못했습니다."라고 했지요. 충녕은 곧바로 그 사람이 도움을 받을 수 있도록 해 주었어요.

이렇게 충녕은 춥고 배고픈 백성을 물리치는 법이 없었어요. 때문에 백성들은 충녕을 매우 좋아했어요. 1418년, 태종은 충녕을 세자로 책봉했어요. 훗날 충녕은 백성을 사랑한 어진 왕, 세종 대왕이 되지요.

이도, 원정, 충녕 모두 세종을 부르는 이름이에요

조선 시대 왕은 이름이 여러 개였어요. 높은 벼슬을 해 왕이 내려 준 이름, 왕족이나 큰 공을 세운 사람에게 내려 준 이름, 남자가 어른이 되었을 때 가지는 이름도 있었지요. '이도'는 아버지 이방원의 성을 따 지은 세종의 진짜 이름이에요. 왕이 되기 전에는 '충녕'이라는 이름을 썼고, 어른이 되어서는 '원정'이라는 이름을 썼어요. 그럼 세종은 언제 붙여진 이름일까요? 바로 세종이 죽은 다음, 세종이 이루어 낸 훌륭한 업적을 높이 사 붙인 이름이랍니다.

왕이 되다

조선 시대 왕은 죽은 뒤, 왕이 이루어 낸 공로에 따라 '조'나 '종'을 붙였어요. 세종은 어진 마음으로 나라를 다스리고 조선을 크게 발전시킨 왕이라는 뜻으로 '종'을 붙인 거랍니다.

세종께서는 어질고 지혜로운 임금이셨습니다.

참으로 훌륭한 임금이셨어요.

왕의 자리는 힘들어!

스물두 살에 왕이 되었어요

충녕이 세자가 된 지 한 달이 지났을 때예요. 태종이 신하들을 불러 모았어요. "내가 덕이 모자라 홍수와 가뭄이 거듭되는구나. 게다가 중풍으로 몸이 아프니 세자에게 왕 자리를 물려주겠다."

깜짝 놀란 신하들은 눈물을 흘리며 말렸어요.

보통 왕 자리는 왕이 죽고 나서 물려주었거든요. 충녕은 아버지가 살아 있는데 왕 자리를 물려받는 것을 불효라 여겨 몇 번이나 거절했어요. 하지만 태종은 충녕에게 옥새를 주었어요. 1418년 8월, 충녕은 조선의 네 번째 왕인 세종이 되었어요.

★**옥새** 옥으로 만든 왕의 도장이에요.

반쪽짜리 왕, 세종

세종은 조선을 강하고 잘사는 나라로 만들겠다고 마음먹었어요. 하지만 뜻대로 나라를 다스릴 수 없었어요. 조선 2대 왕인 정종과 3대 왕인 태종이 살아 있었기 때문이에요.

세종은 나랏일을 결정할 때마다 정종과 태종의 의견을 들어야 했어요. 게다가 군사를 다스릴 힘인 병권은 태종에게 있었어요.

세종은 반쪽짜리 왕이나 다름없었어요. 왕 자리는 늘 위태롭고 불안했지요. 북쪽에서는 호시탐탐 조선을 노리는 여진족이 쳐들어왔고, 남쪽에서는 왜구가 끊임없이 우리 백성들을 괴롭혔어요.

세종은 힘들고 어려운 시기를 굳세게 견뎠어요. 나라와 백성을 위해 할 일을 생각하고, 차근차근 준비해 나갔지요.

★**왜구** 13세기부터 16세기까지 우리나라와 중국을 약탈하던 일본 해적이에요.

태종은 아들의 왕권을 튼튼히 해 주었어요

1418년, 세종의 장인이자 영의정인 심온이 세종이 왕이 되었음을 알리려고 명나라로 떠났어요. 그 사이 심온의 동생 심정이 태종에게 군사 문제를 제대로 보고하지 않았어요. 이에 태종은 크게 화가 나서 소헌왕후의 가족에게 큰 벌을 내렸어요. 아들의 왕권에 방해가 되면 신하는 물론 왕비 가족도 물리쳤지요. 소헌왕후도 왕비 자리에서 끌어내려야 한다는 신하들도 있었어요. 하지만 세종이 왕 자리를 걸고 왕비를 지켜냈어요. 태종도 세 아들을 둔 데다 어질고 덕이 많은 소헌왕후만큼은 문제 삼지 않았어요.

딸아, 억울하다!

한국사 배움터

조와 종, 대군과 군은 어떻게 다를까요?

왕이 죽고 나서 제사를 지낼 때 부르는 이름을 '묘호'라고 해요. 살아생전에 왕이 한 일이나, 어떻게 왕이 되었는지에 따라 묘호를 붙였지요.
'조'는 태조처럼 나라를 세웠거나 전쟁에서 나라와 백성을 구한 업적이 있는 왕에게 붙여 주었어요. '종'은 세종처럼 덕으로 나라를 다스리고, 나라를 크게 부흥시킨 왕에게 붙였어요. 또 아버지와 아들 사이에 왕위를 이어받거나 세자가 왕위를 이어받아도 '종'을 붙였어요. 하지만 세자가 아닌 사람이 왕이 되면 '조'라고 했어요. 그래서 단종의 뒤를 이은 세조는 '조'라는 묘호를 받았답니다.
한편 대군과 군이라는 칭호도 있지요. '대군'은 왕비가 낳은 아들(적장자)을 말해요. '군'은 후궁이 낳은 아들이나 왕실의 친척, 나라를 위해 큰 공을 세운 신하에게 내려 준 칭호이지요. 조선 초기에는 고려 때 제도가 섞여 대군과 군을 섞어 썼어요. 그러다가 태종을 거쳐 세종이 왕실의 계급과 칭호를 정리했지요.

★**후궁** 왕비 외에 왕의 부인으로 왕비보다 지위가 낮았어요.

참된 왕으로 성장하는 세종

하루 24시간이 모자랐어요

세종은 부지런한 왕이었어요. 새벽 다섯 시에 일어나 밤 열한 시가 넘도록 나랏일을 돌보았어요. 또 하루에 일곱 시간 넘게 공부하고 신하들과 토론을 했어요. 경전은 백 번씩 읽고, 가장 적게 읽은 책도 삼십 번씩은 읽었어요. 책에서 지식과 지혜를 배워 나라를 더 잘 다스리기 위해서였지요.

왕이 되다

나라 재산이 쑥쑥 불어났어요

세종은 백성을 위해서 하고 싶은 일이 많았어요. 그러려면 돈이 많아야 했지요. 세종은 고민 끝에 나라에서 소금을 만들어 팔기로 했어요. 소금은 생활하는 데 꼭 필요한 것이어서 돈을 많이 벌 수 있었어요. 세종은 개인이 만드는 소금인 '사염'을 줄이고, 나라에서 만드는 소금인 '공염'을 더 늘렸어요. 덕분에 나라 재산이 크게 늘었어요. 이렇게 늘어난 나랏돈은 학문과 과학을 발전시키는 데 썼어요. 그렇게 되면 백성이 더 편하고 풍족하게 살 수 있을 거라 생각했기 때문이에요.

나라 재산이 늘어야 백성이 잘살 수 있소!

내 소금.

집현전을 두었어요

세종이 왕이 되고 가장 먼저 한 일 중 하나가 궁궐에 집현전을 둔 거예요. 집현전은 학문을 연구하는 기관이에요. 세종은 늘 신하들과 책을 읽고 토론을 했어요. 올바른 정치를 하기 위해서예요. 또한 재주와 능력이 빼어난 사람들을 뽑아 학사로 길렀어요. 학사들은 농업, 지리, 수학, 천문, 군사, 의학, 역사 등을 연구하고 책으로 정리했지요. 집현전 학사들의 노력은 조선이 튼튼하게 발전하는 데 밑거름이 되었어요.

대마도는 조선의 옛 지도에 포함되어 있었어요

1월의 추운 겨울날이었어요. 대마도를 다스리는 사람이 세종에게 편지를 보냈어요. 대마도 백성들이 굶주리고 있으니 도와 달라고 간절하게 부탁했지요. 세종은 옷과 식량을 넉넉히 보내 주었어요. 그러고는 앞으로 모든 일을 경상도 관찰사에게 보고하라고 답장을 했어요. 당시 대마도는 조선에 많은 의지를 했지요.

★**대마도** 우리나라와 가장 가까운 일본의 섬으로 쓰시마섬이라고도 해요. 참고로 전라남도 진도에도 같은 이름의 섬이 있어요.

도둑질을 하던 왜구들을 끌어안았어요

왜구들은 종종 조선 땅으로 쳐들어와 곡식과 물건을 훔쳐 갔어요. 이에 이종무가 수군을 이끌고 가 대마도를 정벌했지요. 그 뒤, 조선은 대마도에 사는 왜구들을 끌어안는 정책을 폈어요. 더는 도둑질을 하지 못하도록 힘으로 누르는 한편 항복한 왜구들은 비옥한 땅에서 농사를 지으며 살 수 있게 해 주었어요. 또한 염포와 제포, 부산포에서 미역이나 생선 등을 사고팔도록 해 주었어요.

왕이 되다

조선 최고 통신사, 이예

1397년 울산 군사 이은이 왜구에게 붙잡혀 갔어요. 그의 부하인 이예는 스스로 왜구에게 잡혀가 온갖 노력 끝에 이은을 구했어요. 그 덕분에 이예는 중인에서 양반이 되고, 조선 통신사가 되었어요. 이예는 40번 넘게 일본을 오가면서 일본에 끌려간 조선 사람 700여 명을 구해 왔어요.

이예가 56세에 일본에 사신으로 갈 때였어요. 세종이 이예를 불러 말했어요.
"모르는 사람은 보낼 수 없구나. 그러니 귀찮다 여기지 말라."
그러고는 갓과 신발을 내려 주었지요. 이렇듯 이예는 세종이 인정할 만큼 뛰어난 조선 통신사였답니다.

★**통신사** 오늘날의 외교관이에요.

세종은 하루를 어떻게 보냈을까요?

세종은 하루 종일 무척 바쁜 시간을 보냈어요. 지금부터 세종의 하루를 자세히 살펴볼까요?

- **조회** 경복궁 근정전에서 5일에 한 번 신하들에게 업무 보고를 받았어요.

- **문안 인사** 아침과 저녁에 왕실 어른들께 인사를 했어요.

- **윤대** 세종은 날마다 신하들과 이야기를 나누었어요. 신하들은 왕에게 자신이 하고 있는 일과 문제점을 보고하고 왕의 질문에 대답했어요.

- **경연** 세종은 거의 매일 경연을 열어 신하들과 함께 공부하고 토론했어요.

- **상소 검토** 왕에게 올리는 글을 상소라고 해요. 세종은 전국에서 올라오는 상소를 매일 확인했어요. 신하들에게 명령을 내리거나 상소에 적힌 문제를 해결하기 위해 회의를 했어요.

- **구언** 중요한 정책에 대해 백성들의 의견을 구하는 것을 구언이라고 해요.

인물 놀이터

달과 해, 다섯 개의 산봉우리가 그려진 이 그림은 <일월오봉도>예요. 왕이 앉는 자리 뒤에 놓는 병풍 그림이지요. 그림에서 숨은 그림 다섯 개를 찾아보세요.
(숨은 그림: 나비, 버섯, 거북이, 손, 하트)

세종은 나라를 이루는 뿌리가 백성이라고 생각했어요.

그래서 백성을 군사나 경제보다 중요하게 여겼어요.

작은 일에도 백성의 소리에 귀를 기울이고, 백성의 입장에서 생각했어요.

정치, 법, 농사, 과학 등 세종이 한 일은 모두 백성을 위한 것이었답니다.

그럼 지금부터 세종이 백성을 위해 어떤 생각을 하고, 어떤 일을 했는지 함께 알아보아요.

끊임없이 질문하는 세종

백성을 아끼고 사랑했어요

세종은 날마다 무슨 생각을 했을까요? 군사를 강하게 키워 다른 나라가 침략하지 못하게 하기, 영토 넓히기, 나라의 재산 늘리기, 문화와 과학 발전시키기 등 많은 생각을 했어요. 하지만 무엇보다 중요하게 생각한 것은 백성이었어요. 백성이 굶지는 않는지, 억울한 일을 당하지는 않는지 늘 마음을 썼지요. 한번은 죄인 하나가 감옥 안에서 춥고 배고파 죽은 적이 있었어요. 세종은 비록 죄를 지었어도 함부로 대하면 안 된다며 관리를 나무랐어요.

세종은 묻고 또 물었어요

세종은 어려서부터 모르는 것을 부끄러워하지 않았어요. 궁금한 것은 바로 왜냐고 물었지요. 세종은 왕이 되어서도 질문을 멈추지 않았어요. 한번은 신하에게 "나는 궁궐에서 태어나고 자라서 백성들의 생활을 잘 모르오. 어떻게 하면 좋겠소?"라고 물었어요. 그러자 신하는 백성에게 직접 물어보라고 대답했고 세종은 옳다구나, 하고 좋아했지요. 뿐만 아니라, 궁금한 것이 있으면 신하들을 불러 이야기를 나누었어요. 여러 사람이 생각을 모으면 더 좋은 결과가 나온다고 믿었기 때문이에요.

과거를 볼 때도 질문을 했어요

조선 시대에는 3년마다 한 번씩 과거 시험으로 관리를 뽑았어요. 두 번의 시험에 통과한 사람들은 마지막 단계에서 왕이 직접 내는 책문 문제를 풀었지요. 책문은 문과 시험의 한 가지였어요. 세종은 이 기회를 놓치지 않았어요. 나라를 다스릴 때 중요한 문제나 나라와 백성을 위해 궁금한 것을 문제로 냈지요.

"나라를 다스릴 때, 가장 중요한 것은 백성을 사랑하는 것이다. 그런데 관리 중 몇몇이 세금 제도를 나쁘게 이용해 백성을 힘들게 한다. 세금 제도에서 어떤 점을 고치면 좋겠는가?", "훌륭한 인재를 구하려면 어떻게 해야 하는가?" 이런 질문들을 했지요. 이처럼 세종은 백성을 위한 질문이라면 망설이지 않고 뭐든 했어요. 그리고 좋은 대답을 들으면 기쁘게 행동으로 옮겼답니다.

높은 관리부터 평민까지, 백성들의 생각이 궁금해

더 좋은 세금 제도가 필요했어요

조선이 만들어졌을 때, 고려 말에 만들어진 토지 제도인 '과전법'을 그대로 사용했어요. 과전법은 토지의 질이 좋은지 나쁜지에 따라 상·중·하로 나누어 세금을 거두는 제도예요. 그런데 관리들은 토지의 질과 상관없이 세금을 똑같이 거두었어요. 그래서 척박한 땅에서 농사를 짓는 농민들은 세금을 내기가 몹시 힘들었어요.

좋은 나라를 만들려면 먼저, 백성을 행복하게 하라

뿐만 아니라, 세금을 거두는 관리들이
못된 꾀를 내어 농민을 속이기까지 했어요.
농사가 잘된 정도를 따져 수확량을 정할 때,
농사가 잘 안 되어도 잘되었다고 평가하고,
세금을 많이 거두어들였지요. 그 바람에
가난하고 힘없는 농민들은 큰 피해를 보았어요.
세종은 관리가 나쁜 짓을 못하도록 하고,
백성의 어려움을 덜어 줄 세금
제도가 필요하다고 생각했어요.

우리나라 최초의 대규모 설문 조사

세종은 새로운 세금 제도인 '공법'을 만들기 위해 관리들과 의논했어요. 그러고는 새 세금 제도가 어떠한지 백성들에게 물어보라고 했어요. 아무리 좋은 제도라도 세금을 내야 하는 백성이 좋아하지 않으면 안 된다고 생각했기 때문이에요. 세종은 높은 관리부터 신분이 낮고 가난한 백성에 이르기까지 많은 사람의 의견을 모았어요.

좋은 나라를 만들려면 먼저, 백성을 행복하게 하라

관리들은 다섯 달 동안 전국 방방곡곡을 다니며 17만 명이 넘는 사람의 의견을 들었지요. 찬성이 9만 8,657명, 반대가 7만 4,149명이었어요. 마침내, 공법이 완성되고 조금씩 실시되기 시작했어요. 비록 전국적으로 실시될 때까지는 69년이라는 시간이 걸렸지만 오랜 기간 애쓴 세종의 노력이 결실을 맺는 순간이었답니다.

새로운 세금 제도 '공법'이 궁금해!

공법을 실시하자 백성은 세금이 크게 줄었어요. 그에 반해 나라의 재산은 크게 늘어났지요. 도대체 세금 제도가 어떻게 바뀐 걸까요? 공법은 토지가 좋고 나쁨에 따라 상·중·하로 나누던 과전법을 6등급으로 나누었어요. 그리고 농사가 잘된 해와 잘되지 않은 해에 따라 9등급으로 나누어 세금을 조정했지요.

좋은 나라를 만들려면 먼저, 백성을 행복하게 하라

때문에 농사가 잘되지 않거나 가난한 농민일수록 세금이 줄었어요. 그런데 백성이 내는 세금이 줄었는데, 나라 재산은 왜 늘어났을까요? 그것은 관리들이 더 이상 나쁜 짓을 하지 못했기 때문이에요. 공법으로 바뀌고 땅에 대한 철저한 조사가 이루어지자 질 나쁜 토지에 높은 세금을 매기던 게 사라졌답니다.

백성의 입장에서 생각했어요

'고약해'는 왜 벼슬에서 쫓겨났을까요?

처음 지방 관리의 임기는 30개월이었어요. 그러던 어느 날, 세종이 60개월로 기간을 늘렸어요. 임기가 길어야 다스리는 고을에 대해 잘 알 수 있고, 아는 만큼 고을 백성을 잘 보살필 수 있기 때문이에요. 하지만 많은 신하가 반대했어요. 지방에 오래 있으면 출세하기가 어려웠기 때문이에요.

★**임기** 일을 맡아보는 일정한 기간을 뜻해요.

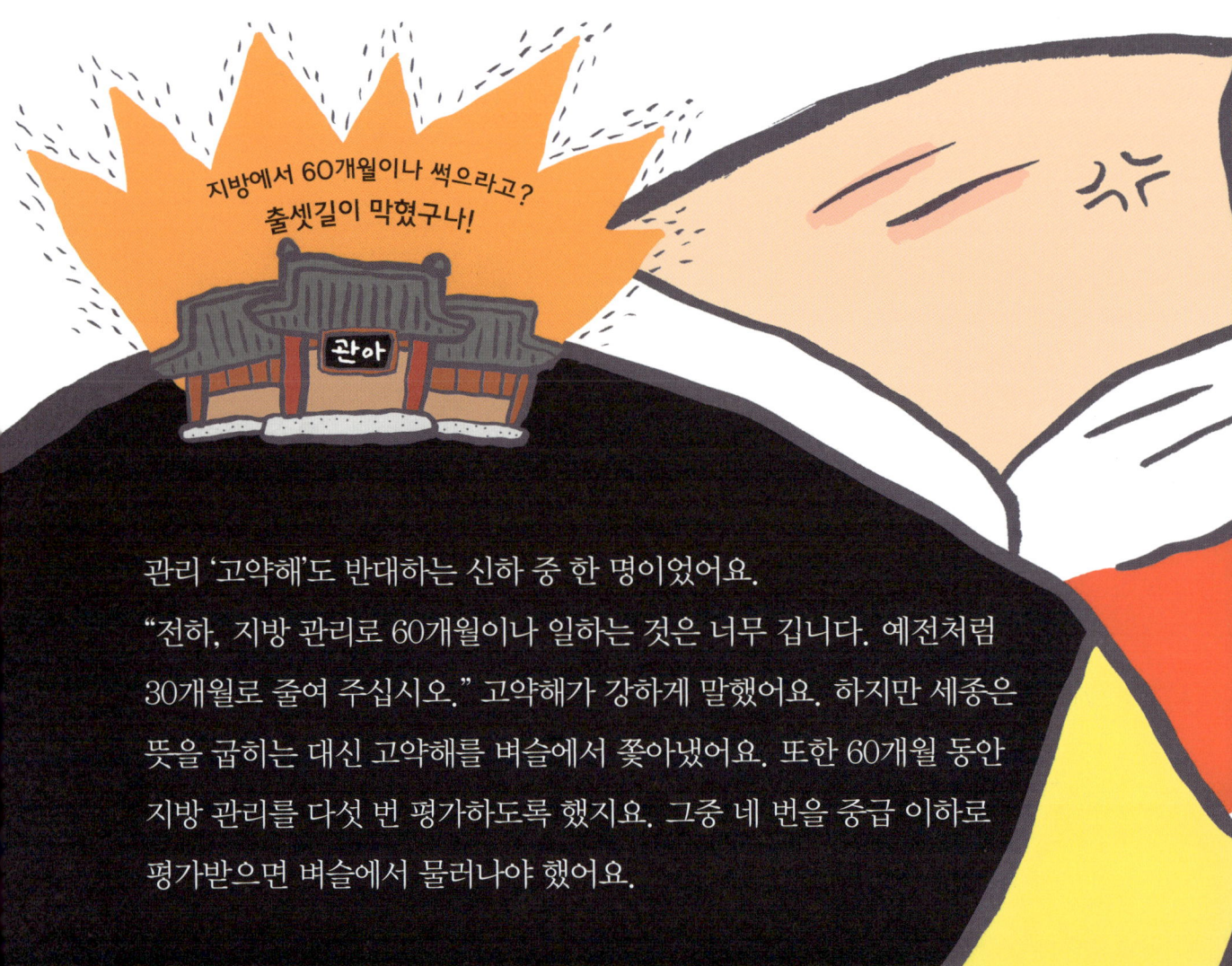

관리 '고약해'도 반대하는 신하 중 한 명이었어요.
"전하, 지방 관리로 60개월이나 일하는 것은 너무 깁니다. 예전처럼 30개월로 줄여 주십시오." 고약해가 강하게 말했어요. 하지만 세종은 뜻을 굽히는 대신 고약해를 벼슬에서 쫓아냈어요. 또한 60개월 동안 지방 관리를 다섯 번 평가하도록 했지요. 그중 네 번을 중급 이하로 평가받으면 벼슬에서 물러나야 했어요.

백성에게 빌려준 쌀을 거두지 마라

가을에 거둔 곡식은 다 먹고, 보리는 아직 여물지 않은 봄이 되었어요. 백성들은 먹을 것이 없어 나라에서 쌀을 빌렸지요. 다시 곡식을 거두는 가을이 되었지만 태풍으로 농사가 엉망이 되었어요. 백성들은 또 나라에서 쌀을 빌려다 먹었어요. 다행히 다음 해에는 농사가 풍년이었어요.

어려운 백성을 구하기 위한 제도를 알아볼까요?

조선 시대에는 힘들고 어려운 일에 빠진 백성을 구하기 위한 여러 제도가 있었어요. 가난한 백성에게는 물건이나 돈을 주기도 하고, 억울한 사정을 해결해 주기도 했어요. 그렇다면 어떤 제도가 있었는지 알아볼까요?

• **환곡** 봄에 쌀을 빌려주고 가을에 갚게 하는 제도예요. 가을에는 곡식을 거두어들이기 때문에 곡식이 많아요. 하지만 봄에는 아직 곡식이 익지 않았고, 가을에 거둔 곡식도 다 먹고 없지요. 그래서 5월에서 6월이 되면 나라에서 백성에게 곡식을 빌려주었어요.

• **신문고** 신문고는 백성의 억울한 일을 직접 해결해 주기 위해 대궐 밖에 달았던 북을 말해요. 백성들은 억울한 일을 당했을 때 북을 두드려 왕에게 알렸어요. 하지만 북을 함부로 치면 큰 벌을 받았지요. 또 북을 칠 수 있는 경우도 제한이 많아 실제로는 크게 이용되지 않았다고 해요.

좋은 나라를 만들려면 먼저, 백성을 행복하게 하라

굶주린 백성의 세금을 덜어 주어라

몹시 추운 어느 겨울날이었어요. 세종의 명령을 받은 관리 하나가 강원도를 살펴보러 갔어요. 갑자기 백성들이 관리에게 우르르 몰려왔어요. 먹을 것이 없어 굶고 있으니, 세금을 줄여 달라고 부탁했지요. 그 수가 자그마치 700여 명이나 되었어요. 관리에게 보고를 받은 세종은 백성들의 세금을 줄여 주었어요. 한 관리가 거세게 반대했지만 끄덕도 하지 않았지요. 굶주리는 백성에게 세금을 거두는 것은 옳지 않다고 생각했기 때문이에요.

백성을 굶어 죽게 한 고을 관리를 매우 쳐라

1422년, 영의정인 황희가 세종에게 "고양이라는 고을에서 굶어 죽은 사람이 있습니다."라고 말했어요.

세종은 곧바로 사건을 조사하도록 했어요. 그러자 노비와 노비의 아이들이 굶어 죽었다는 것이 드러났지요.

세종은 몹시 화가 나 명령했어요. "제 고을에 사는 백성을 굶어 죽게 한 관리를 몽둥이로 매우 쳐라!" 한 달 뒤, 세종은 고을 관리를 감시하는 제도를 만들었어요. 관리가 일을 잘하는지 살펴보기 위해서였어요. 또 백성이 억울한 일을 당하지 않고 잘 살게 하기 위해서였답니다.

★**황희** 세종 때에 18년간 영의정을 지냈어요. 일을 잘해 세종이 믿는 신하 중 하나였어요.

좋은 나라를 만들려면 먼저, 백성을 행복하게 하라

아기를 낳은 노비에게 휴가를 주어라

어느 날, 관청에서 일하던 여자 노비(관비)가 아기를 낳았어요. 아기를 낳고 7일이 지나자 노비는 다시 관청으로 갔지요.
며칠 뒤, 힘든 일을 하던 노비가 죽고 말았어요. 세종은 그 이야기를 듣고 몹시 안타까워했어요. 그 후에는 노비가 아기를 낳기 한 달 전부터 일을 쉬게 하고, 출산 후 100일을 쉴 수 있도록 출산 휴가를 늘려 주었어요.

좋은 나라를 만들려면 먼저, 백성을 행복하게 하라

그런데 얼마 뒤, 아기를 낳은 노비 하나가 또 죽었어요. 집에 있어도 돌보아 줄 사람이 없었기 때문이에요. 세종은 그 이야기를 듣고 산모를 돌볼 수 있도록 남편에게도 30일 동안 휴가를 주었어요.
훗날 이 내용은 조선 시대 최고의 법전인 〈경국대전〉에 추가되어 조선 후기까지 이어졌어요.

금화도감을 설치하라

세종 8년, 왕이 사는 도성에 큰불이 났어요. 불은 이틀 동안 도성 곳곳을 태웠어요. 크고 작은 집 2천여 채가 다 타고, 삼십 명이 넘게 죽었지요. 집을 잃은 사람들은 먹을 것을 구하기 위해 아무 집에나 들어가 도둑질을 했어요. 도성은 집과 가족을 잃은 도둑들로 넘쳐 났어요. 세종은 서둘러 백성들에게 먹을 것과 살림살이를 나누어 주었어요. 그리고 의원을 보내 다친 사람을 치료해 주고, 죽은 사람이 있는 집에는 쌀 한 섬씩을 보내 슬픔을 위로해 주었지요.

좋은 나라를 만들려면 먼저, 백성을 행복하게 하라

불이 휩쓸고 간 도성은 끔찍했어요. 세종은 앞으로 불 때문에 백성들이 다치지 않도록 철저히 대비했어요. 불을 쉽게 끌 수 있게 도로를 넓히고, 집 사이에 불길을 막는 담을 세우고, 일정한 간격으로 우물을 팠지요. 관청 안에도 우물을 두 개씩 파고, 노비들에게 불을 끄는 훈련을 시켰어요. 이 모든 일을 맡아서 한 곳은 바로 '금화도감'이에요. 우리나라 최초의 소방서지요.

★도성 왕이 사는 궁궐과 정부 기관 및 여러 마을을 둘러싼 성을 뜻해요.

백성은 나라의 근본이고, 밥은 백성의 하늘이다

흙으로 떡과 죽을 만들어 먹었어요

한 해, 두 해… 가뭄이 계속되었어요. 세종이 왕위에 오르고 10년 동안 가뭄이 들지 않은 해가 없었지요. 그 바람에 논밭이 타들어 가고 곡식이 말라 갔어요. 백성들은 배가 고파 흙으로 떡을 만들고 죽을 쑤어 먹었지요.

좋은 나라를 만들려면 먼저, 백성을 행복하게 하라

세종은 어떻게 해야 가뭄에서 벗어날 수 있을지 날마다 고민했어요.
하늘에 비를 내려 달라고 비는 기우제도 199번이나 지냈어요. 하지만
아무 소용없었지요. 비는 계속 오지 않았고 백성들은 더욱 힘이 들었어요.
농사가 엉망이 되자 농업에 바탕을 둔 나라 살림도 점점 가난해졌어요.
이에 세종은 백성과 나라를 살리기 위해 농업에 큰 힘을
기울이기 시작했어요.

초가집에 살며 손수 농사를 지었어요

오랫동안 비가 오지 않자 세종의 근심은 나날이 커졌어요. 열흘이 넘도록 앉아서 꼬박 밤을 새울 정도였지요. 세종은 굶고 있는 백성 생각에 편히 먹고 잘 수 없었어요. 어느 날, 세종은 궁궐 안 경회루 옆에 초가집 한 채를 지었어요. 그러고는 2년 동안 초가집에서 살았답니다. 백성들이 겪는 고통을 함께 나누기 위해서였어요.

좋은 나라를 만들려면 먼저, 백성을 행복하게 하라

세종은 자나 깨나 농사를 잘 짓는 방법에 대해 생각했어요.
아침 회의 시간마다 날씨와 농사 이야기를 가장 먼저 물었지요.
세종에게 농업을 발전시켜 백성을 살리는 것보다 중요한 일은
없었어요. 새로운 농사 방법을 직접 시험해 보기도 했어요.
궁궐 옆에 밭을 만들어 손수 농사를 지었답니다.

한국사 배움터

경복궁 안에는 어떤 건물이 있을까요?

경복궁은 조선 시대 궁궐 중 가장 중심이 되는 궁궐로 왕이 사는 곳이었어요. 조선의 첫 번째 왕인 태조가 한양으로 수도를 옮긴 후 처음으로 세운 궁궐이지요. 그렇다면 경복궁 안에는 어떤 건물들이 있는지 함께 알아볼까요?

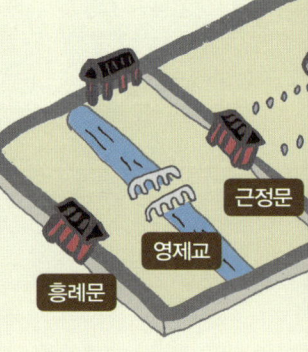

국립고궁박물관

흥례문 영제교 근정문

8 집현전

1 광화문

1 **광화문** 왕이 드나드는 정문으로 경복궁의 남쪽 문이지요.
2 **근정전** 신하들이 왕에게 새해 인사를 드리거나 국가 의식을 치르고 외국 사신을 맞이하던 곳이에요.
3 **사정전** 왕이 나랏일을 보던 곳이에요. 회의와 경연이 이루어지던 곳이지요.
4 **강녕전** 왕이 머물며 잠을 자는 등의 일상생활을 하던 곳이에요.
5 **교태전** 왕비가 잠자는 곳으로, 궁궐 안 건물 중 가장 화려하지요.
6 **흠경각** 시간을 측정하는 앙부일구, 옥루기륜, 천체의 움직임을 알 수 있는 간의 등을 설치한 곳이에요.
7 **함원전** 불상을 모셔 두고 불교 행사를 열었던 곳이지요.

8 집현전 학사들이 학문을 연구하던 곳이에요. 현재 이름은 수정전이에요.

9 경회루 왕과 신하가 모여 잔치를 하거나 외국에서 오는 사신들에게 잔치를 베풀던 곳이에요.

10 동궁 왕세자가 머무는 곳으로, 자선당은 세자와 세자빈이 잠을 자던 곳이고, 비현각은 세자의 집무실이에요.

11 자경전 흥선대원군이 신정왕후를 위해 만든 곳으로 대왕대비가 잠을 자는 곳이에요.

12 함화당과 집경당 후궁과 궁녀들을 위한 공간이에요.

13 향원정 왕이나 왕족들이 쉴 수 있도록 만들어진 육각형의 정자예요.

14 건청궁 고종을 위한 궁궐이에요. 명성황후가 시해를 당한 곳이기도 해요.

버려진 땅을 일구어 농사를 지어라

경상남도 남해는 왜구의 침략과 도둑질이 많아 조선 시대 전부터 버려진 땅이었어요. 도성에서 가장 멀리 떨어진 변두리 지방이기도 했고요. 세종은 버려진 땅을 어떻게 하면 쓸모 있는 땅으로 만들지 고민했어요. 그리고 많은 시간을 들여 거친 땅을 일구었지요. 마침내 농사를 지을 수 있는 땅으로 만들었답니다.

좋은 나라를 만들려면 먼저, 백성을 행복하게 하라

조선 시대 농기구

농부들이 가래로 밭을 갈고 흙을 퍼서 옮기고 있어요.
가래는 흙을 파서 던지는 데 쓰는 도구예요.
서너 명이 함께 하기 때문에 쉽고 빠르게 논밭을
일굴 수 있었어요. 또 다른 농부는 따비로 밭을
일구었어요. 따비는 비탈이 심하거나 돌과
나무뿌리가 많은 논밭에서 주로 사용했어요.
돌이나 나무뿌리를 뽑을 때 편리했지요.
이렇듯 다양한 농기구들은 힘든
농사일을 하는 농부들의 힘을
덜어 주었어요.

〈농사직설〉 한 권이면 농사가 뚝딱!

옛날에는 해마다 벼농사를 짓지 못했어요. 한 번 농사를 짓고 나면 땅에 영양분이 없어져 한두 해를 쉬어야만 했지요. 또 홍수와 가뭄이 이어져 농사를 망쳤어요. 이에 세종이 정초를 불러 대책을 논의했어요. 정초는 농부들에게 중국 농업책인 〈농상집요〉에 나오는 농사법을 가르치겠다고 했어요. 하지만 2년이 지나도록 소용이 없었어요. 이에 세종이 명령했어요. "나라 구석구석을 돌며 우수한 농사법을 조사해 오너라. 그리고 경험이 많은 농부들에게 물어, 좋은 농사법을 찾아오너라."

좋은 나라를 만들려면 먼저, 백성을 행복하게 하라

관리들은 세종의 명을 받고, 방방곡곡을 돌아다니며 농사법을 조사했어요. 농부들의 이야기를 듣는 것도 빼먹지 않았지요. 이렇게 만든 책이 바로 〈농사직설〉이에요. 〈농사직설〉은 우리나라 최초의 농업책으로 우리 땅과 자연에 맞는 농사법을 엮은 책이에요. 세종은 이 책을 백성들에게 나누어 주었어요. 덕분에 거두어들이는 곡식의 양이 크게 늘어났답니다.

우리 몸에 맞는 우리 의학책, 〈향약집성방〉

우리 땅에서 나고 자란 약재를 '향약'이라고 해요. 세종은 향약에 관심이 많았어요. 우리 백성들에게는 중국 약재보다 향약이 더 효과가 있다고 생각했거든요. 하지만 백성들은 중국 약재를 더 좋아해서 중국에서 약재를 들여오는 데 많은 돈을 썼지요. 때문에 세종은 향약을 연구하는 데 힘을 쏟았어요. 신하들을 중국에 보내 우리나라에 없는 약재를 향약과 비교하여 보고하라고 했지요. 뿐만 아니라 조선 방방곡곡에서 자라는 약초에 대해 조사하게 했어요.

1431년, 드디어 많은 노력 끝에 향약에 관한 책이 완성되었어요. 이에 세종은 다시 "우리 몸에 맞는 의학책을 만들라." 하고 명령했어요. 집현전 학사와 왕실 의사들은 곧바로 향약과 질병, 치료법을 모으고 정리했어요. 그리고 2년 뒤에 〈향약집성방〉을 펴냈지요. 〈향약집성방〉은 조선을 대표하는 의학책으로 지금까지도 유용하게 쓰인답니다.

좋은 나라를 만들려면 먼저, 백성을 행복하게 하라

세종은 새로운 세금 제도를 만들기 위해 17만여 명에게 설문 조사를 했어요.
관리가 명을 받들어 전국 방방곡곡을 돌아 도착 지점까지 가는 길을 찾아 주세요.

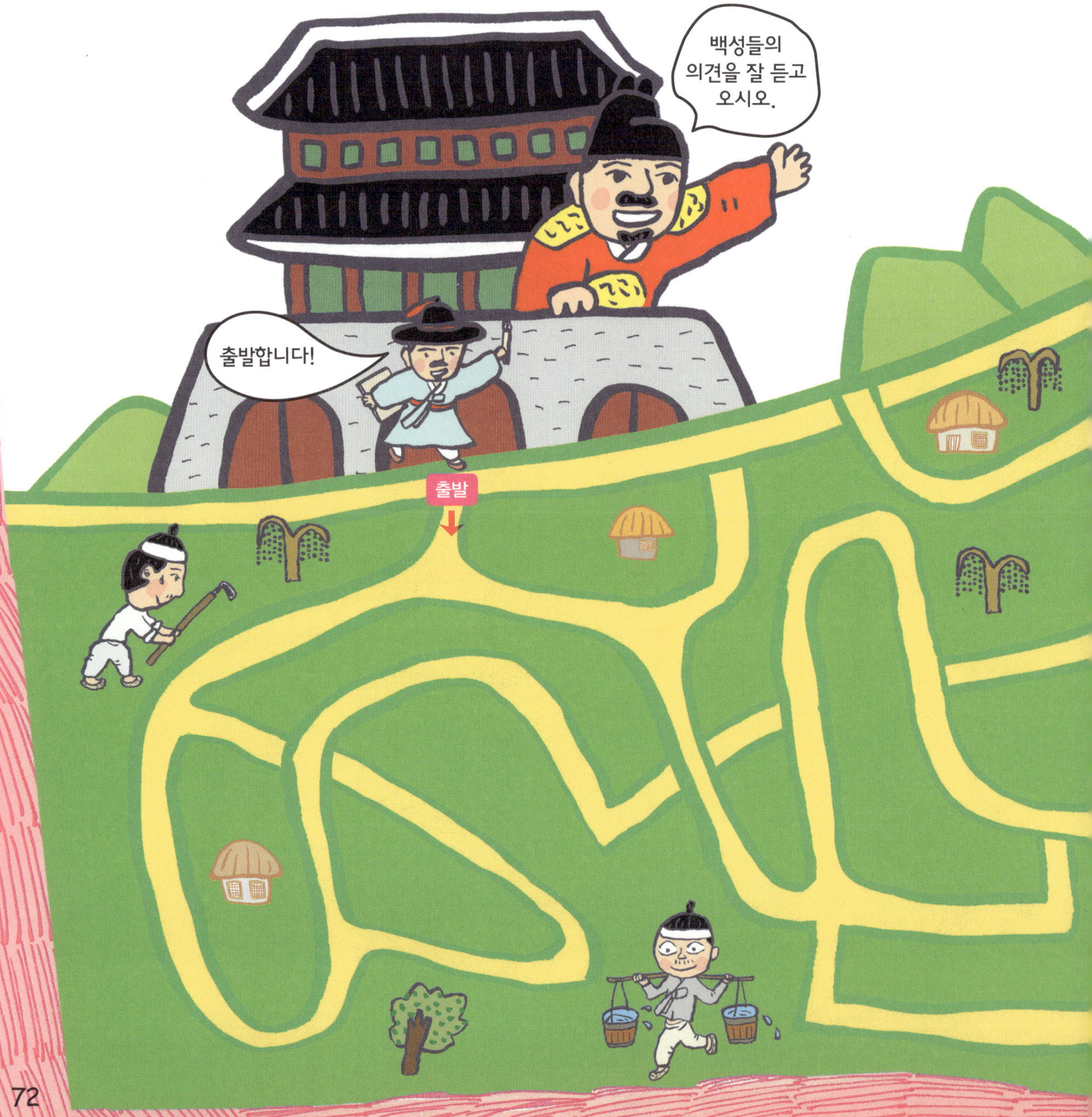

조선이 차츰 안정되자, 세종은 나라와 백성을 위해 꿈꾸어 왔던 일들을
하기 시작했어요. 세종 스스로 공부도 하고, 함께 꿈을 펼칠 재주 있는 사람을 뽑았지요.
벼슬을 내릴 때는 신분보다 능력을 먼저 보았고, 그들이 마음껏 능력을 펼치도록 지원해
주었어요. 그 결과 학문, 군사, 경제, 문학, 음악, 과학 등 모든 분야에서 발전을 이루어
조선 왕조 500년의 기틀을 마련했답니다. 그럼, 이제부터 세종이 어떻게 인재를 뽑고,
그들과 어떤 업적을 이루었는지 알아보아요.

조선 왕조 500년의 기틀을 세우다

재주 있는 사람은 나라의 보물이야

세종은 어떤 사람을 좋아했을까요?
세종은 재주와 능력이 뛰어난 사람을
나라의 보물로 여겼어요. 작은 벼슬을
내릴 때도 생각하고 또 생각했지요.
세종은 마음이 착하고 부지런한
사람을 좋아했어요. 최윤덕이라는
사람은 학문이 부족했지만 정직하고
부지런해서 좌의정이라는 높은
벼슬을 받았지요.

조선 왕조 500년의 기틀을 세우다

아껴 주시니 더 열심히 해야지.

임금님의 사랑은 끝이 없어라.

세종은 허물이 조금 있어도 재주와 능력이 빼어난 사람을 뽑아 썼어요. 특히 신분의 높고 낮음도 가리지 않았지요. 엄격한 신분 사회였던 조선에서 노비 출신인 장영실에게 서슴없이 벼슬을 내린 것처럼 말이에요. 덕분에 조선 최고의 발명가가 탄생할 수 있었지요.

77

집현전

필요한 게 있으면 말씀하세요.

책을 좀 더 구해 주게.

집현전 학사들을 아꼈어요

세종은 특별히 집현전에서 학문을 연구하는 학사들을 아꼈어요. 왕이 일을 보는 사정전과 경회루 가까이에 집현전을 둔 것만 보아도 알 수 있지요.

세종은 집현전 학사들에게 10년이고, 20년이고 원하는 만큼 공부를 하라고 했어요. 도서관인 장서각을 짓고, 글을 쓰는 데 필요한 종이와 붓, 벼루, 먹 등도 아낌없이 주었어요. 또 학문에만 집중하도록 생활비도 주었어요.

조선 왕조 500년의 기틀을 세우다

또한 사헌부*에서 학사들이 무슨 일을 하는지 감시하는 대신 집현전에서 일어나는 모든 일을 임금에게 보고하도록 했지요. 덕분에 학사들은 자유롭게 공부할 수 있었어요. 연구를 통해 나라를 발전시킬 수 있다고 믿었거든요. 학사들은 세종의 믿음에 보답하기 위해 공부도 일도 열심히 했어요.

★사헌부 조선 시대 관리들을 감독하고 살피는 일을 맡아 행하던 관청이에요.

집에서 책을 읽으며 쉬어라

세종은 집현전 학사들과 날마다 경연에서 토론을 했어요. 또한 달마다 시험을 보고, 공부한 것들을 책으로 정리하게 했어요. 명나라와 주고받는 문서도 쓰게 했지요. 차츰 세종이 믿고 맡기는 일이 늘었어요. 그러자 세종은 학사들이 효과적으로 공부할 수 있도록 '사가독서제'를 만들었어요.

집현전 학사들은 집에서 쉬면서 공부하라!

조선 왕조 500년의 기틀을 세우다

"업무에 지친 마음이 회복되는군."

"사가독서제 덕분에 능률이 오르는군."

집에서 쉬면서 책을 읽는 제도를 사가독서제라고 해요. 학사들은 깜짝 놀랐지만 한편으로 매우 기뻤어요. 때때로 집현전이 아니라 집에서 쉬면서 자유롭게 공부를 할 수 있었으니까요. 덕분에 학사들은 공부에 더 집중할 수 있었답니다.

신하에게 옷을 벗어 주었어요

깜깜하고 추운 어느 겨울밤이었어요. 세종은 궁궐 마당을 걷다가 집현전에 불이 켜진 것을 보았어요. 세종은 궁금하여 집현전으로 다가가 안을 살짝 보았지요. 그런데 신숙주가 책상에 엎드린 채 자고 있는 것이었어요. 신숙주 주변에는 층층이 책이 쌓여 있었어요. 세종은 입고 있던 두루마기를 벗어 신숙주에게 덮어 주었어요. 그러고는 신숙주가 깨지 않게 조용히 밖으로 나왔지요. 아침에 잠에서 깬 신숙주는 자신이 임금의 두루마기를 덮고 있는 것을 깨달았어요. 신숙주는 임금의 마음에 감동해 눈물을 흘렸답니다.

★**신숙주** 집현전 학사로 있으면서 훈민정음을 만드는 데 큰 공을 세웠어요.

중국으로 유학을 보내 주었어요

궁궐 안에 있는 관리들이 바빠졌어요. 세종이 중국 명나라로 유학 보낼 젊은이들을 뽑으라고 했기 때문이에요. 세종은 때때로 재주 있는 사람을 뽑아 중국으로 보내 공부를 시켰어요. 공부를 할 때 필요한 돈과 물건은 모두 나라에서 주었지요. 훗날 나라를 위해 일할 인재를 키우기 위해서였답니다.

재주 있는 인재를 키워 냈어요

세종은 왜 황희에게 지팡이를 주었을까요?

세종 5년, 나라 전체에 심한 가뭄이 들었어요. 특히 강원도가 가뭄이 가장 심각했지요. 세종은 황희를 강원도로 보냈어요. 황희는 강원도 백성들의 어려움을 꼼꼼히 살펴본 다음 가뭄 해결에 많은 도움을 주었어요. 세종은 황희의 능력을 높이 평가하여 큰 벼슬을 주었어요. 황희는 문제가 생겼을 때 가장 먼저 해야 할 일을 찾아 해결하는 재주가 빼어났어요. 뿐만 아니라, 예순이 넘는 나이에도 여진족이 자주 나타나는 함경도를 직접 돌아다닐 정도로 부지런했지요.

조선 왕조 500년의 기틀을 세우다

세종은 황희를 늘 곁에 두었어요. 황희가 열 번이나 벼슬을 그만두겠다고 했지만 그때마다 "나를 도우라."며 뜻을 받아들이지 않았지요. 대신 아프다고 하면 약을 지어 주었어요. 황희가 여든 살이 넘은 어느 날이었어요. 황희가 "이제 제 몸이 너무 늙어 움직이기 힘드니 나랏일을 그만하겠습니다."라고 말했어요. 그러자 세종이 대뜸 지팡이를 선물로 주었어요. 한 달에 두 번이라도 세종을 보러 오라는 의미였지요.

노비면 어때!

상의원은 늘 기술자들로 북적댔어요. 뚝딱뚝딱 무기와 농기구 등의 도구를 만드느라 바빴지요. 그중 유독 눈에 띄는 기술자가 있었어요. 바로 장영실이에요. 장영실은 기계를 만들고 쇠를 다루는 솜씨가 남달랐어요. 세종은 장영실을 눈여겨보다가 관리로 뽑아 키우겠다고 마음먹었지요.

조선 왕조 500년의 기틀을 세우다

"영실이 재주가 뛰어나구나. 벼슬을 줘야겠구나."

"전하, 아니 되옵니다!"

그 사실을 안 신하들이 크게 반대했어요.
"장영실은 노비입니다. 노비에게 벼슬을 내리다니 아니 되옵니다."
"노비면 어떻소. 신분이 낮아도 능력이 있고 나라에 공이 있으면 되오."
세종은 뜻을 꺾지 않고 장영실에게 벼슬을 내려 주었어요. 이렇게 세종은 신분보다 재주와 능력을 더 중요하게 여겼답니다.

★**상의원** 조선 시대 왕과 왕비의 옷이나 왕실의 일용품을 관리, 공급하는 일을 담당하던 관청이에요.

장영실 손은 마술 손

세종은 장영실의 기술과 솜씨를 믿고 좋아했어요.
"영실은 손재주가 정교하고 뛰어나구나. 거기다 머리도 총명하고 행동이 몹시 재빨라 못 만드는 물건이 없구나."라고 칭찬했지요. 때문에 세종은 만들고 싶은 물건이 있으면 장영실에게 말했어요.
장영실은 열심히 일했어요. 물건을 만들 때 허투루 하는 일이 없었지요.
천문 기구를 만들 때는 직접 중국으로 가서 공부를 하고 돌아왔답니다.

조선 왕조 500년의 기틀을 세우다

장영실은 세종의 도움으로 수많은 과학 기계를 만들었어요. 혼천의, 물시계(자격루), 해시계(앙부일구), 측우기, 갑인자 등 종류도 다양하지요. 아무리 세밀하고 복잡한 기계도 장영실은 마술사처럼 척척 만들어 냈답니다.

풍기대
혼천의
해시계(앙부일구)
측우기
물시계(자격루)
갑인자

학문과 음악적 재능을 고루 갖춘 박연

나라에 큰 행사가 있을 때는 음악이 빠지지 않았어요. 결혼을 하거나, 군대가 전쟁터에 나갈 때, 다른 나라에서 손님이 올 때, 그리고 사람이 죽었을 때도 음악을 연주했지요. 때문에 세종은 음악을 더 발전시키고 새롭게 정리할 계획을 세웠어요. 그런데 자신의 계획을 함께할 마땅한 사람이 없었어요.

조선의 음악을 맡길 만한 인재는 누구일까?

조선 왕조 500년의 기틀을 세우다

학사들은 음악을 모르고, 음악을 연주하는 악사들은 학문을 몰랐지요.
"음악과 학문에 모두 빼어난 사람이 없을까?"
그때, 문득 박연이 떠올랐어요. 박연은 세종이 왕세자였을 때 공부를 가르친 선생님으로 피리를 잘 불었거든요. 세종은 박연에게 음악에 관한 학문을 연구하는 벼슬을 주고 음악을 정리하게 했어요.

궁중 음악을 완성했어요

조선 시대의 궁중 음악은 여러 음악이 한데 섞여 어지러웠어요. 이에 박연이 세종에게 긴 상소를 올렸어요.
'전하, 예식에 쓰는 악기와 음악의 쓰임새가 정확하지 않습니다. 일정한 규칙에 맞게 정리하는 것이 좋겠습니다.' 박연은 악기와 연주 방법에 대해 잘못된 점과 고칠 점을 조목조목 적었어요. 세종은 상소를 읽고 박연의 뜻대로 하라고 말했어요.

박연은 나라 행사에 쓰는 악기와 음악을 일정한 규칙으로 정리하기 시작했어요. 뒤섞인 악보를 정리해 책으로 펴내고, 악기마다 바른 소리가 나오게 손질을 했지요. 일을 너무 열심히 해서 몇 번이나 쓰러졌지만 멈추지 않았어요. 마침내 악기와 악보를 정리해 궁중 음악인 '아악'을 완성했답니다.

조선 왕조 500년의 기틀을 세우다

백성과 나라를 위한 훌륭한 발명품

세종은 왜 과학 발전에 힘을 쏟았을까요?

조선 시대 백성들 대부분은 농사를 지었어요. 나라에 내는 세금도 대부분 땅에서 나오는 것이었지요. 하지만 가뭄이 잦아 농사를 짓기가 매우 힘들었어요. 흉년이 되면 백성도 나라도 형편이 어려워졌지요. 세종은 농사를 발전시키려면 과학적인 방법과 농기구가 필요하다고 생각했어요.

세종은 학사인 정초, 정인지, 이천 등과 기술자인 장영실과 함께 여러 가지 기계를 만들기 위해 노력했어요. 마침내 오랜 시간과 노력을 통해 농사와 생활에 필요한 기구들이 완성되었어요. 덕분에 백성들의 삶은 더 풍요로워지고, 더불어 나라도 안정이 되었답니다.

비의 양을 재는 세계 최초의 측우기

측우기는 세종의 아들이자 조선 5대 왕인 문종이 세자였을 때 만든 기구예요. 기둥 모양의 측우기에 고인 물높이를 '주척'이라는 자로 재어 비의 양을 재는 도구였지요. 고인 비의 양을 통계 내면 언제, 어느 지역에, 비가 얼마나 왔는지 알 수 있었지요. 백성들은 측우기를 통해 비의 양을 짐작하면서 농사를 지었어요. 이렇듯 세종은 날씨의 변화를 관찰하고 새로운 과학 기구를 만들어 농사를 잘 지을 수 있게 힘을 쏟았어요.

조선 왕조 500년의 기틀을 세우다

해 그림자로 시간과 계절을 알려 주는 앙부일구

앙부일구는 '가마솥처럼 오목한 해시계'라는 뜻이에요. 해 그림자가 지는 면이 오목해서 '오목 해시계'라고도 해요. 해 그림자가 가리키는 세로줄 눈금은 시간을, 가로줄 눈금은 24절기를 나타내지요. 세종은 사람들이 많이 다니는 곳에 앙부일구를 설치했어요. 뿐만 아니라, 글자를 모르는 백성을 위해 띠를 상징하는 열두 동물(십이지신)을 그려 시각을 알 수 있게 했지요. 하지만 날씨가 흐리거나 비가 오면 쓸 수 없었어요.

스스로 시간을 알려 주는 자동 물시계, 자격루

자격루는 물의 압력을 이용해 만든 시계예요. 물을 이용해 만들어서 해가 없는 밤에도 시간을 알 수 있어요. 자격루 안에 설치한 인형들이 스스로 움직여, 종과 북과 징을 쳐 정확한 시각을 알려 주지요. 자격루는 시간을 나타내는 도구인 만큼 한 치의 오차도 없도록 설계해 만들었어요. 자격루를 이루는 부품은 모두 쇠로 정밀하게 만들었지요.

조선 왕조 500년의 기틀을 세우다

별의 움직임과 위치를 측정하는 혼천의

혼천의는 해와 달, 별의 움직임을 관측하는 천문 기구예요. 조선 시대 천문학에서 가장 기본을 이루는 기계로 시간을 알려 주는 천문 시계이기도 하지요. 때문에 하늘을 관찰하는 일은 물론, 달력을 만들 때도 이용했어요. 하지만 세종 때 만든 혼천의는 임진왜란 때 모두 불타 버렸어요. 현재 남아 있는 혼천의는 17세기쯤에 다시 만든 거랍니다.

이것으로 별을 관측할 수 있사옵니다.

글자 모양이 아름답고 정확한 금속 활자, 갑인자

세종은 모든 백성이 책을 통해 배우고 깨우치기를 바랐어요. 따라서 책을 펴내는 일을 꾸준히 했지요. 하지만 한 번에 많은 책을 찍어 내는 것이 어려웠어요. 동활자인 '경자자'가 있었지만 몇 번만 찍어도 활자가 비뚤어졌어요. 이에 세종은 튼튼한 활자를 만들라고 명령했어요.

조선 왕조 500년의 기틀을 세우다

이천과 장영실은 두 달 만에 활자 20만 자를 만들었어요. 그것이 바로 동으로 만든 금속 활자인 '갑인자'예요. 갑인자는 활자마다 모양과 크기가 일정하고, 찍는 부분이 평평했어요. 글자 모양도 정확해서 책을 찍으면 보기 편하고 아름다웠지요. 게다가 한 번에 여러 번 찍어도 망가지지 않았어요. 갑인자를 쓰자 책을 찍어 내는 속도가 전보다 두 배나 빨라졌답니다.

★**활자** 글을 인쇄하기 위해 만든 글자 틀을 말해요. 네모기둥 모양의 금속 윗면에 문자나 기호를 볼록 튀어나오게 새긴 것이에요.

한국사 배움터

뛰어난 조선의 과학

우리 역사에서 과학이 가장 발전한 시대는 바로 조선이에요. 측우기, 자격루, 앙부일구를 비롯해 농업과 천문학에 걸쳐 많은 기계가 발명되면서 과학이 발전했지요. 그럼 또 어떤 기구와 발명품이 있는지 함께 알아보아요.

• **간의** 우주에 있는 모든 물체의 위치를 측정하는 관측 기구예요. 앙부일구(해시계), 자격루(물시계), 혼천의와 함께 조선의 대표적인 천문 기구이지요. 간의는 혼천의를 간단하게 만든 것으로 각도기와 구조가 비슷해요. 크기가 매우 크고 정밀하여 맨눈으로 별의 위치를 직접 잴 수 있어요.

• **소간의** 이동하기 쉽도록 간의를 더 작고 편리하게 만든 기구예요. 별의 위치와 시간을 잴 수 있어요.

• **수표** 수표는 하천의 물 높이를 재는 도구로 홍수에 대비하기 위해 만들었어요. 세종 1441년에 처음 만들어 서울 청계천과 한강에 설치했지요.

간의

• **풍기대** 바람이 부는 방향과 세기를 관찰하기 위해 만든 받침돌이에요. 이 받침돌에 구멍을 깊게 파서 깃발을 꽂아 24방향으로 바람을 관찰했지요.

• **옥루** 옥루는 장영실이 임금에게 바친 자동 종합 물시계예요. 자격루와 같은 물시계에 천체의 움직임을 보여 주는 혼천의를 결합한 기구예요. 절기에 따른 태양의 위치를 알고, 때맞추어 해야 할 농사일을 백성들에게 전달했어요. 옥루는 자그마치 2미터나 되는 커다란 산 모양으로 다양한 그림을 그려 사계절이 변화하는 모습을 볼 수 있게 했어요. 그리고 시간에 따라 인형이 자동으로 움직이며 시간을 알려 주었지요. 안타깝게도 지금은 그 모습이 남아 있지 않아요.

나라를 다스릴 때 음악도 중요해

우리 민족에게는 우리 음악이 필요해

세종은 궁중 음악인 아악을 정리하고, 더 나아가 우리 음악을 정리하고 발전시키고 싶었어요. 평소에는 고려 전통 음악인 향악을 듣다가, 장례나 제사를 치를 때는 중국 음악인 아악과 당악을 듣는 것은 맞지 않다고 생각했거든요. 그래서 세종은 박연과 여러 신하들에게 제사를 지낼 때 향악을 연주하는 것에 대해 물었어요.

조선 왕조 500년의 기틀을 세우다

박연과 신하들은 아악을 쓰는 것이 옳다고 했어요. 하지만 세종은 "우리나라 음악이 완벽하다고 볼 수는 없다. 하지만 중국 음악이라고 모두 바르다고 할 수 있는가?"라고 말했어요. 박연은 세종의 마음과 뜻을 받들어, 향악과 아악을 연구하며 조선 음악의 새로운 기틀을 마련했답니다.

음악을 만드는 세종

세종은 정치와 경제만큼 음악도 중요하다고 생각했어요. 음악은 풍속과 백성의 마음 그리고 정치까지 고르게 한다고 여겼지요.
"임금의 덕과 공을 음악으로 만들어 백성에게 부르게 하자. 음악은 백성들의 마음을 하나로 모으는 데 큰 힘이 될 것이다."
세종은 나라와 백성을 위해 음악을 만들기로 마음먹었어요.

조선 왕조 500년의 기틀을 세우다

세종은 먼저 우리 음악을 잘 기록하기 위해 악보를 직접 만들었어요. 악보를 만들고 작곡도 했지요. 그 음악이 바로 여민락이에요. 백성과 함께 즐기자는 뜻이지요. 여민락은 왕이 행차할 때나 궁궐에서 잔치를 할 때 연주했던 음악으로 백성을 사랑하는 세종의 마음이 담겨 있어요.

막대기로 바닥을 쳐서 음악을 만들었다고?

'딱, 따닥.' 세종이 막대기로 바닥을 치며 가락을 만들었어요. 그렇게 하룻저녁 사이에 음악을 만들었지요. 나라를 위해 큰 공을 세우거나 덕을 많이 쌓은 조상을 기리는 노래들이었어요. 하지만 신하들은 중국 음악이 아니기 때문에 세종이 만든 새로운 음악을 사용하지 말자고 했어요.

조선 왕조 500년의 기틀을 세우다

세종은 새 음악을 쓰지 않더라도 조선을 세운 조상들의 덕이 담긴 음악을 함부로 없앨 수 없다고 했지요. 대신 의정부와 관습도감에서 듣고 옳고 그름을 따져 보고하라고 일렀어요. 그런데 음악을 들어 본 사람 중에 누구도 새 음악을 반대하지 못했어요. 세종보다 음악에 빼어난 사람이 없었거든요. 훗날, 조선 7대 왕인 세조는 이때 만든 새 음악(정대업과 보태평)을 고치고 다듬어 '종묘제례악'으로 사용했어요.

★**의정부** 조선 시대 최고 행정 기관이에요. 임금을 도와 모든 벼슬아치를 통솔하고 나랏일을 총괄했어요.
★**관습도감** 조선 초기 음악에 관한 일을 맡아본 곳이에요.

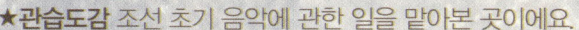

천재 음악가 박연을 가르친 세종

고려 예종 때, 송나라 황제가 나라의 제사에 연주하는 악기들을 보내 주었어요. 하지만 조선에 이를 때까지 오랜 시간이 흐르자 악기들이 부서지고 망가졌지요. 특히, 궁중 음악에 꼭 필요한 악기인 편경은 연주가 어려울 정도로 엉망이었지요. 악기 부품이 없어 기와를 잘라 매달아 놓을 정도였어요.
박연은 조선의 음악을 새롭게 정리하면서 편경도 직접 만들어 보기로 마음먹었어요. 악기의 기준이 되는 음을 만들고, 편경을 만드는 데 쓸 돌을 찾아 전국을 돌아다녔지요. 박연은 끈질기게 노력하여 마침내 편경을 만들었어요.

드디어, 박연이 만든 편경을 연주해 보는 날이 되었어요. 세종은 편경을 직접 치며 소리를 들어 보았어요.
"편경 소리가 매우 맑고 아름답다. 음, 그런데 무슨 까닭인지 소리 하나가 약간 높구나."
세종의 이야기를 들은 박연이 깜짝 놀라 편경을 구석구석 꼼꼼히 살펴보았어요. 놀랍게도 먹줄 자국이 조금 남아 있었어요. 박연은 급히 먹줄을 간 다음 다시 연주를 했어요. 그러자 처음보다 더욱 조화롭고 아름다운 소리가 났답니다.

편경은 두드려서 소리를 내는 타악기예요. ㄱ(기역)자 모양으로 만든 16개의 경돌을 음높이의 순서대로 매달았지요. 그 두께에 따라 음높이가 정해지는데, 돌을 갈아서 조절했어요. 두꺼우면 소리가 높고, 얇으면 소리가 낮아요. 채는 따로 없고 손으로 쳐서 연주했어요.

여진족을 몰아내고 조선 땅을 넓혔어요

우리 땅은 조금도 줄일 수 없다

여진족은 호시탐탐 조선의 영토를 노리고 있었어요. 그러던 1432년 겨울, 여진족이 조선을 쳐들어왔어요. 여진족은 평안도 일대를 마구 짓밟으며 백성들을 못살게 굴고, 식량을 훔쳐 갔지요. 세종은 즉시 군대를 보냈어요. 하지만 여진족의 힘이 너무 강해 무찌르기 힘들었어요. 신하들이 후퇴하자고 간곡하게 말했지만 세종은 단호하게 반대했어요. "우리 땅을 다른 민족에게 조금도 넘겨줄 수가 없소." 땅을 지키는 것이 나라의 힘을 키우는 일이기 때문이에요.

조선 왕조 500년의 기틀을 세우다

최윤덕과 김종서는 우리 땅을 지켜라

세종은 최윤덕과 김종서에게 여진족을 물리치고 우리의 땅을 지키라고 명령했어요. 두 장수는 군대를 이끌고 나가 여진족을 몰아냈어요. 세종은 여진족이 다시 쳐들어오지 못하게 압록강과 두만강에 4군 6진을 설치했어요. 그러고는 조선의 백성들뿐만 아니라, 여진족을 받아들여 벼슬과 양식을 주었어요. 여진족이 살 곳이 생기고 안정되면 싸움을 일으키지 않을 거라고 생각했기 때문이지요. 이런 세종의 노력 덕분에 조선의 땅이 압록강과 두만강까지 이르게 되었답니다.

★ 4군 6진 4군 6진은 조선 세종 때 여진족을 몰아내고 설치한 행정 구역이에요. 군사적으로 매우 중요한 위치에 설치했지요. 최윤덕이 압록강 상류 지역을 확보한 후 4군을 설치하고, 김종서가 두만강 유역을 개척한 후 6진을 설치했답니다.

전설의 섬, 요도를 찾아라

아주 오랜 옛날부터 동해에 '요도'라는 섬이 있다는 전설이 전해 내려왔어요. 무릉도(울릉도)로 배를 타고 가다가 요도를 보았다는 사람들이 나타나기도 했지요. 세종은 신하를 불러 명령했어요.

"요도를 찾아라. 다른 나라가 먼저 차지하면 우리 조선이 위태로울 수 있다. 그리고 만약 요도에 사람이 산다면 우리 백성이니 마땅히 보살펴야 한다."

조선 왕조 500년의 기틀을 세우다

얼마 뒤, 세종의 명령을 받은 신하가 어렵게 요도를 보았다는 사람을 찾았어요. 하지만 곧 거짓말로 밝혀졌지요. 안타깝게도 세종은 요도를 찾지는 못했어요. 하지만 옛 기록에 따르면 요도는 동해 가운데에 있고 울릉도 옆에 있는 섬이라고 나와 있어요. 이름은 다르지만 위치나 모습으로 보아 지금의 독도라는 것을 알 수 있답니다.

세종의 건강이 나빠졌어요

여러 가지 병에 걸렸어요

세종은 문학, 과학, 농업 등 모든 분야를 발전시키기 위해 노력했어요. 쉴 새 없이 공부하고 일했지요. 또한 학사들과 끊임없이 의견을 나누었어요. 자그마치 1,898번이나 경연★을 열었지요. 그 바람에 체력이 떨어진 세종은 병치레가 잦았어요. 서른 살도 되지 않아 중풍에 걸렸고, 마흔이 넘었을 때부터 눈이 잘 보이지 않았지요. 당뇨병에 걸려 심하게 앓기도 했어요.

★**경연** 조선 시대 왕과 신하들이 유교의 사상과 교리가 적힌 책인 〈경서〉와 역사 등을 공부하며 토론하는 시간이에요.

조선 왕조 500년의 기틀을 세우다

세종은 힘이 들어 가끔씩 나랏일을 쉬었어요. 눈병을 고치기 위해 온천을 가기도 했지요. 하지만 몸이 아프다고 나랏일을 허투루 하거나, 공부를 멈추지 않았어요. 학사들이 새로 펴낸 책은 꼭 직접 읽고 꼼꼼히 확인했답니다.

나랏일을 정승 중심으로 바꾸었어요

조선 시대에는 중앙 관청이 여섯 개 있었어요. 공조, 이조, 예조, 병조, 형조, 호조로 '육조'라고 불렀지요. 나랏일을 할 때, 세종은 육조에 직접 명령을 하고 육조는 세종에게 직접 보고를 했어요. 이것을 '육조 직계제'라고 해요. 세종은 육조에서 올라오는 일을 직접 처리하느라 몹시 바빴어요. 그래서 여기저기 아픈 데가 많았어요.

세종은 병으로 힘들 때도 늘 나랏일을 걱정했어요. 어떻게 하면 더욱 조화로운 정치를 할 수 있을까 고민했지요. 마침내 세종은 육조 직계제를 '의정부 서사제★'로 바꾸었어요. 의정부에 있는 정승들에게 일을 처리하도록 한 거예요. 그러면서 왕과 정승이 서로 존중하며 나라의 조직을 더욱 안정시켰지요.

★**의정부 서사제** 조선 시대 행정부의 최고 기관인 의정부에는 영의정, 좌의정, 우의정 3정승이 있어 이들의 합의에 따라 국가 정책을 결정했어요. 그 아래에 육조를 두어 일을 처리했답니다.

조선 왕조 500년의 기틀을 세우다

왕세자에게 일을 넘겨주었어요

세종은 날이 갈수록 건강이 나빠졌어요. 세종은 신하들에게 "군사 문제와 크고 중요한 일을 빼고, 나머지는 세자에게 넘기도록 하겠다."라고 말했어요. 신하들이 눈물을 흘리며 말렸어요. 하지만 세종은 뜻을 꺾지 않았어요. 자신이 하던 일을 차례차례 세자에게 넘겨주었지요. 1442년에는 세자궁에 세자의 업무 공간인 '첨사원'을 설치하고, 다음 해에는 왕이 하는 일 대부분을 세자에게 맡겼답니다.

조선 왕조 500년의 기틀을 세우다

시간이 많아진 세종은 무슨 일을 했을까요?

세종은 세자에게 일을 넘겨줄 무렵, 언어에 큰 관심을 가지고 있었어요. 세종은 마음에 품어 왔던 우리 글자를 만드는 데 힘을 쏟고 싶었어요. 그러려면 마음껏 연구하고 공부할 수 있는 시간이 필요했지요. 세종은 세자에게 나랏일을 보도록 하고, 자유로워진 시간을 다른 나라 언어 공부와 연구에 집중했어요. 그리고 마침내 우리나라 역사상 가장 위대한 발명 중 하나인 '훈민정음'을 만들었답니다.

세종장헌영문예무인성명효대왕

세종은 조선 시대 왕 가운데 가장 많은 일을 했어요. 학문을 연구하고 바른 정치를 하기 위해 쉼 없이 노력하여 조선 왕조 500년의 기틀을 마련했지요. 뿐만 아니라, 노비까지 보살필 정도로 백성을 사랑한 어진 왕이기도 했어요.

> 백성도 울고 하늘도 우는구나.

조선 왕조 500년의 기틀을 세우다

1450년 2월, 세종이 죽자 백성들은 '세종장헌영문예무인성명효대왕'이라고 이름을 높였어요. '세종'은 임금이 죽고 나서 제사를 지낼 때 쓰기 위해 조선에서 붙인 이름이고, '장헌'은 중국 명나라에서 준 이름이랍니다. '장'은 엄함과 공경으로써 백성을 대한다는 뜻이고, '헌'은 착함을 행하여 기록할 만하다는 뜻이에요. 그리고 '영문예무인성명효'는 '학문에 밝고 군사를 다루는 데도 슬기로우며 마음이 인자하고 총명하며 사리에 밝고 효성스럽다.'라는 뜻이지요. 백성들이 붙인 이름만 보아도 세종이 얼마나 훌륭한 왕이었는지 미루어 짐작할 수 있답니다.

인물 놀이터

자동으로 시간을 알려 주는 물시계 자격루예요. 항아리에 물이 늘어나면 잣대가 떠올라 쇠구슬을 건드렸지요. 그 쇠구슬이 굴러가서 종, 징, 북을 치면 인형이 나와 시간을 알려 주었어요.
그럼 두 그림의 다른 점 5가지를 찾아볼까요?

어? 뭐가 달라졌지?

날마다 읽고 쓰는 한글에 대해 생각해 본 적이 있나요?

한글이 없었을 때는 글자를 아는 사람보다 모르는 사람이 더 많았어요.

글자를 모르니 소통하는 데 한계가 있었어요. 좋은 책도, 문화도 보고 즐길 수가 없었지요.

필요한 지식을 배우기 어려우니 사회와 문화가 발전하기도 힘들고요.

이렇게 글자는 단순히 읽고 쓰는 것 이상의 큰 의미가 있어요.

세종은 백성들이 자유롭게 글을 읽고 쓰며, 행복하고 편리하게 살기를 바랐어요.

바로 우리 글자를 사용하면서 말이지요.

세종이 왜, 그리고 어떻게 우리 글자를 만들었는지 함께 알아보아요.

세종, 우리 문자를 꿈꾸다

옛날 우리나라에는 글자가 없었대요

처음부터 우리나라 사람들이 한글을 쓴 것은 아니었어요. 우리말은 있었지만 말을 적을 글자가 없어서 중국 문자인 한자의 음과 뜻을 빌려 썼어요. 한자로 쓰인 책을 읽고, 한자로 책을 썼지요. 문서나 편지도 한자로 썼어요. 그런데 한자는 글자 수가 너무 많아서 배우기 힘들었어요. 때문에 신분이 낮은 백성들은 대부분 한자를 몰랐어요.

우리 문자, 훈민정음을 만들다

좋은 책을 만들어도 읽지 못했어요

세종은 여러 분야에 관심이 많았어요. 그래서 집현전 학사들에게 조상들의 지식과 지혜가 담긴 책을 정리해 새롭게 책을 만들게 했어요. 그중, 〈향약집성방〉과 〈농사직설〉처럼 백성들에게 꼭 필요한 책도 있었어요. 하지만 한자를 모르는 백성들은 아무리 책을 보아도 내용을 알 수 없었지요.

어려운 한자를 쉽게 바꾸어 써 볼까요?

우리 조상들은 오래전부터 '어떻게 해야 한자를 쉽게 쓸 수 있을까?' 연구했어요. 그러다 한자에서 소리와 뜻을 빌려 쓰는 방법을 찾아냈지요. 바로 '향찰, 이두, 구결'이에요. 하지만 세 가지 모두 한자를 알아야만 쓸 수 있었어요. 한자를 모르는 사람은 여전히 읽을 수도 쓸 수도 없었답니다.

우리말을 쓴 글자, 향찰, 이두, 구결!

• **향찰** 한자의 음과 뜻을 빌려와 만든 문자예요. 국어 문장 전체를 적은 신라 시대에 발달한 표기법이지요. 우리말에서 뜻을 가진 부분은 한자에서도 뜻을 빌리고 '은, 는, 이, 가' 같은 조사나 뜻이 없는 소리 등은 소리가 같은 한자를 써서 표기했어요. 예를 들어 '선화공주님'이라는 말을 향찰로 쓰면 '善花公主主'가 돼요. '善花公主'는 한자의 음을 가져와서 사용했어요. 선화공주 뒤에 있는 '主'는 '님'이라는 한자 음이 없기 때문에 님이라는 뜻을 지닌 한자를 사용했어요.

• **이두** 이두도 신라 시대에 발달한 표기법이에요. 이두는 한자의 음과 뜻을 빌려 쓰되 우리말 순서로 바꾼 거예요. 예를 들어 '하늘 앞에서 맹세한다'라는 말을 한자로 誓前天(맹세할 서, 앞 전, 하늘 천)으로 써요. 하지만 이두는 이 한자를 우리말 순서로 바꾸어 '天(하늘) 前(앞에서) 誓(맹세한다)'로 쓰지요.

• **구결** 한문 문장을 순서대로 쓰고, 읽기 쉽도록 한자의 낱말과 문장 사이에 조사나 어미 등만 넣은 것을 구결이라고 해요. 예를 들어 훈민정음 중에 '國之語音이 異乎中國ᄒ야 與文字로'라는 문장이 있어요. 여기서 '이, ᄒ야, 로'가 바로 구결이에요. 대부분 낱말 뒤에 붙여 썼어요.

법 내용을 백성들에게 알려라!

궁궐 안에서 세종과 신하 사이에 큰 다툼이 일어났어요. 다툼은 세종의 질문에서 시작됐어요.

세종이 "나라에서 금지하는 것을 몰라 백성이 자꾸 죄를 짓는구나. 백성에게 법 내용을 알려 죄를 짓지 않도록 하는 것이 어떤가?" 물었어요. 그러자 신하 중 한 명이 "전하, 어리석은 백성들이 법을 알면 나쁘게 이용할 수 있습니다." 하고 반대를 했어요.

"아무것도 모르고 죄를 짓는 것이 옳으냐? 법을 알려 주고 죄를 짓지 않도록 하는 것이 옳으냐?"
세종은 화가 나서 엄하게 꾸짖었어요. 그러고는 집현전에 큰 죄의 내용을 이두로 정리해 오라고 명령했지요. 하지만 안타깝게도 이 일은 이루어지지 않았어요.

三綱行實

아들이 아버지를 죽였단 말이 참말이냐?

어느 날 신하 하나가 머뭇거리며, 진주에 사는 어떤 남자가 아버지를 죽였다고 아뢰었어요. 세종은 크게 슬퍼하며 "나의 덕이 모자라 끔찍한 일이 벌어졌구나. 효자 이야기를 묶어 책으로 펴내라. 또한 나라를 사랑하는 충신과 남편을 잘 섬기는 아내의 이야기도 담거라." 그러고는 한자를 모르는 사람도 쉽게 이해할 수 있도록 그림을 그려 넣으라고 덧붙였지요. 학사들은 효자와 충신과 열녀 330여 명의 이야기를 모아 책을 만들었어요. 이 책이 바로 〈삼강행실도〉예요.

우리 문자, 훈민정음을 만들다

백성들도 읽을 수 있는 글자가 필요해

세종은 〈삼강행실도〉를 백성들에게 나누어 주었어요. 하지만 죄를 짓는 사람은 줄어들지 않았어요. 아무리 책에 그림이 있어도 정작 글을 읽지 못하면 책 내용을 알 수 없었기 때문이에요. 세종은 마음이 아프고 몹시 안타까웠어요. 우리말을 글로 표현할 수 있는 쉬운 우리 글자가 필요하다는 것을 절실하게 느꼈지요.

마침내, 우리 문자 훈민정음을 만들었어요!

해부학책도 보고, 피리도 불고

세종은 새 문자를 만들기로 결심했어요. 가장 먼저 목에서 어떻게 소리가 나는지 관찰했지요. 왕자와 공주에게 여러 가지 소리를 내게 한 다음, 입안과 목구멍을 살펴보고 말할 때마다 입술과 혀가 어떻게 움직이는지 꼼꼼히 보았지요. 뿐만 아니라, 의원이 보는 해부학책도 보고 다른 나라 문자도 연구했어요.

우리 문자, 훈민정음을 만들다

한번은 피리 부는 사람을 불러 온종일 피리를 불게 했어요. 사람의 목과 닮은 피리는 어떻게 소리가 나는지 알아보기 위해서였지요.

"아, 야, 어, 여."

"피— 피이."

세종은 직접 소리를 내어 보고, 피리를 불면서 말소리의 특징을 연구했어요. 그리고 마침내 1443년, 우리 문자 '훈민정음'을 만들었답니다.

백성을 가르치는 바른 소리, 훈민정음

'훈민정음'은 백성을 가르치는 바른 소리라는 뜻이에요. 세종은 백성들이 스스로의 뜻과 생각을 잘 표현하기를 바랐어요. 또한 듣고 쓰는 여러 말소리를 바르게 쓰기를 바랐지요. 세종이 백성을 사랑하는 마음은 훈민정음 앞부분에 잘 나와 있어요.

"우리말이 중국말과 달라 한자와 서로 통하지 않아, 어리석은 백성이 말하고 싶어도 제 뜻을 펴지 못하는 사람이 많다. 내가 이를 불쌍하게 여겨 새로 스물여덟 자를 만드니, 사람마다 쉽게 익혀 편안하게 하고자 한다."

이렇게 훈민정음은 처음부터 끝까지 백성을 위해 만든 문자예요.

우리 문자, 훈민정음을 만들다

배우기 쉽고 쓰기 쉬운 아침 글자

훈민정음은 하늘과 땅은 물론 세상 모든 것의 이치를 담아 만들었어요. 스물여덟 자로 글자 수는 적지만 만들 수 있는 글자는 끝이 없지요. 훈민정음은 사람이 말하는 것을 소리 나는 대로 쓸 수 있어요. 또한 사람이 듣는 모든 소리를 글자로 쓸 수 있지요.

우리 문자, 훈민정음을 만들다

'멍멍' 개 짖는 소리, '꼬끼오' 닭 울음소리, '쌩쌩' 바람 소리까지 훈민정음은 어떤 소리든 마음대로 쓸 수 있지요. 이렇게 훈민정음은 소리 나는 대로 쓰고 읽을 수 있기 때문에 쉽게 배울 수 있었어요. 슬기로운 사람은 아침나절이면 깨우치고, 어리석은 사람도 열흘 안에 배울 수 있어 '아침 글자'라고 불렸답니다.

★**아침나절** 아침을 먹은 뒤부터 점심을 먹기 전까지의 시간이에요.

닿소리 글자를 만들었어요

닿소리는 발음 기관이 닿아서 나는 소리로 '자음'이라고 불러요. 혀와 입술이 입안에 닿을 때, 닿은 곳을 막으면서 소리를 내지요. 소리를 낼 때는 혀와 입술, 이, 목구멍의 모양이 달라져요. 세종은 이 모양을 본떠 닿소리 다섯 글자 'ㄱ, ㄴ, ㅁ, ㅅ, ㅇ'을 만들었어요. ㄱ과 ㄴ은 혀가 입안에서 구부러지는 모양, ㅁ은 입 모양, ㅅ은 이 모양, ㅇ은 목구멍 모양을 본뜬 것이랍니다.

우리 문자, 훈민정음을 만들다

사람이나 자연의 소리는 매우 다양해요. 비슷한 소리도 세기에 따라 차이가 나지요. 세종은 기본 글자 'ㄱ, ㄴ, ㅁ, ㅅ, ㅇ'에 획이나 점을 더해 비슷하지만 다른 소리를 내는 글자를 만들었어요. 그걸 '가획자'라고 해요.

ㄱ→ㅋ　ㄴ→ㄷㅌ　ㅁ→ㅂㅍ　ㅅ→ㅈㅊ　ㅇ→ㆆㅎ

또 기본 글자에서 따왔지만 획을 더하지 않고 다른 모양으로 변한 '이체자'도 있지요. 바로 'ㄹ(반설음), ㅿ(반치음), ㆁ(옛이응)'이에요.

홀소리 글자를 만들었어요

홀소리는 홀로 나는 소리로 '모음'이라고 불러요. 입으로 바람이 지나가면서 소리가 나고, 입의 모양에 따라 소리가 달라지지요. 홀소리 기본 글자 'ㆍ, ㅡ, ㅣ'는 우주의 기본을 이루는 사람과 땅과 하늘을 본떠 만들었어요. 'ㆍ'는 둥글고 넓은 하늘 모양, 'ㅡ'는 평평한 땅 모양, 'ㅣ'는 사람이 꼿꼿이 서 있는 모양이지요. 세종은 새 문자에 사람과 땅과 하늘이 서로 어울려 지내기를 바라는 마음을 담았어요.

세종은 홀소리 기본 글자 'ㆍ, ㅡ, ㅣ'를 만든 다음, 홀소리를 서로 더하여 나머지 글자를 만들었어요. 'ㅡ' 위에 'ㆍ'를 써 'ㅗ'를 만들고, 'ㅡ' 밑에 'ㆍ'를 써 'ㅜ'를 만들고, 'ㅣ' 오른쪽에 'ㆍ'를 써 'ㅏ'를 만들고, 'ㅣ' 왼쪽에 'ㆍ'를 써 'ㅓ'를 만드는 식이지요. 그래서 훈민정음을 만들었을 때 홀소리는 'ㆍ, ㅏ, ㅑ, ㅓ, ㅕ, ㅗ, ㅛ, ㅜ, ㅠ, ㅡ, ㅣ' 이렇게 모두 11자였답니다.

우리 문자, 훈민정음을 만들다

하늘은 둥글고
땅은 평평하고
사람은 서 있노라!

글자 'ㆆ, ㅿ, ㆁ, ·'이 없어졌어요

세종이 만든 훈민정음은 닿소리 17자와 홀소리 11자로 모두 28자였어요. 하지만 지금은 24자만 쓰지요. 그럼 사라진 네 글자인 'ㆆ(여린히읗), ㅿ(반치음), ㆁ(옛이응), ·(아래아)'는 어디로 갔을까요?
말이나 글자는 시대에 따라 변해요. 시간이 흐르면서 글자 소리가 없어지거나 쓰지 않으면서 자연스럽게 없어지지요.

ㆆ은 한자음을 표기하기 위해 만들었어요. 하지만 지금은 물론 훈민정음을 만들 때도 거의 쓰지 않았어요. ㅿ은 ㅅ과 ㅈ 중간 정도의 소리예요. ㅿ소리를 쓰지 않아 사라졌지요. ㆁ은 지금의 ㅇ과 같아요. 당시에는 끝소리가 나지 않는 한자를 훈민정음으로 쓸 때 ㅇ과 구별해서 ㆁ 받침을 썼어요. 지금은 모두 ㅇ으로 쓰고 ㆁ은 사라졌어요. ㆍ는 '아'와 '어'의 중간 소리가 나지만 거의 쓰지 않아 없어졌어요.

나랏말씀을 만들어 알린 날

쉿, 훈민정음은 아무도 모르게 만들었어요

깊은 밤, 모두가 잠든 궁궐 안에서 이상한 소리가 들렸어요. 소리는 세종의 집무실에서 났어요. '사락사락' 책 넘기는 소리, '쓱쓱' 글씨 쓰는 소리. 도대체 세종은 무슨 일을 하고 있는 걸까요? 바로 아무도 모르게 혼자 한글을 만드는 중이에요.

우리 문자, 훈민정음을 만들다

조선은 처음 나라를 세울 때, 중국 명나라를 조선보다 크고 강한 나라로 여기고 섬겼어요. 양반들은 중국의 글자인 한자를 쓰는 것을 자랑스럽게 여겼지요. 그래서 우리 글자를 따로 만드는 것은 나쁜 일이라고 생각했어요. 만약, 세종이 우리 글자를 만드는 것을 양반들이 미리 알았다면 어떻게 되었을까요? 어쩌면 지금 한글이 없었을지도 몰라요. 중국과 사이가 멀어질까 봐 양반들이 방해하고 반대했을 것이 틀림없으니까요.

★**집무실** 주로 높은 지위에 있는 사람이 일을 처리하는 곳이에요.

새 글자를 만드는 것은 오랑캐나 하는 짓입니다

훈민정음을 만들고 알린 날, 양반들이 깜짝 놀랐어요. 집현전 책임자였던 최만리와 신하 일곱 명이 훈민정음을 반대하는 상소를 올렸지요. "한자가 있는데 글자를 따로 만드는 것은 오랑캐가 되는 일입니다. 그것은 즉, 중국을 버리고 천한 오랑캐★가 되는 일입니다. 또한 훈민정음은 학문을 하는 데 방해가 될 것입니다." 신하들이 한목소리로 말했어요.

★**오랑캐** 남의 나라에 쳐들어가 야만적인 행동을 하던 여진족을 멸시하여 부르던 말이에요.

우리 문자, 훈민정음을 만들다

하지만 세종은 생각이 달랐어요. "명나라의 문화를 받아들이지 않는 것이 아니다. 따를 것은 따르되, 우리 것을 지켜 나가야 한다. 또한 글자가 학문을 하는 데만 필요한 것은 아니다. 백성들이 편리하게 지내고, 억울한 일을 당하지 않으려면 쉬운 우리 글자가 꼭 필요하다." 세종이 단호하게 말했어요. 신하들이 거세게 반대했지만 꿈쩍도 하지 않았답니다.

우리는 훈민정음을 만드는 데 찬성합니다

훈민정음 창제를 반대한 양반들만 있었던 건 아니에요. 백성을 위해 글자를 만든 세종과 같은 마음을 가진 양반들도 많았어요. 정인지, 신숙주, 성삼문 등 집현전 학사들과 몇몇 양반들이었지요.

일부 양반들은 훈민정음 때문에 자신들의 위치와 품위가 더 높아졌다고 생각했어요. 훈민정음이 여자와 신분이 낮은 사람들만 쓰는 문자라고 여겼거든요. 그래서 어려운 한자를 쓰는 자신들을 더 대단하게 생각했답니다.

전하와 함께
우리 글자를 만들어
백성을 이롭게
합시다!

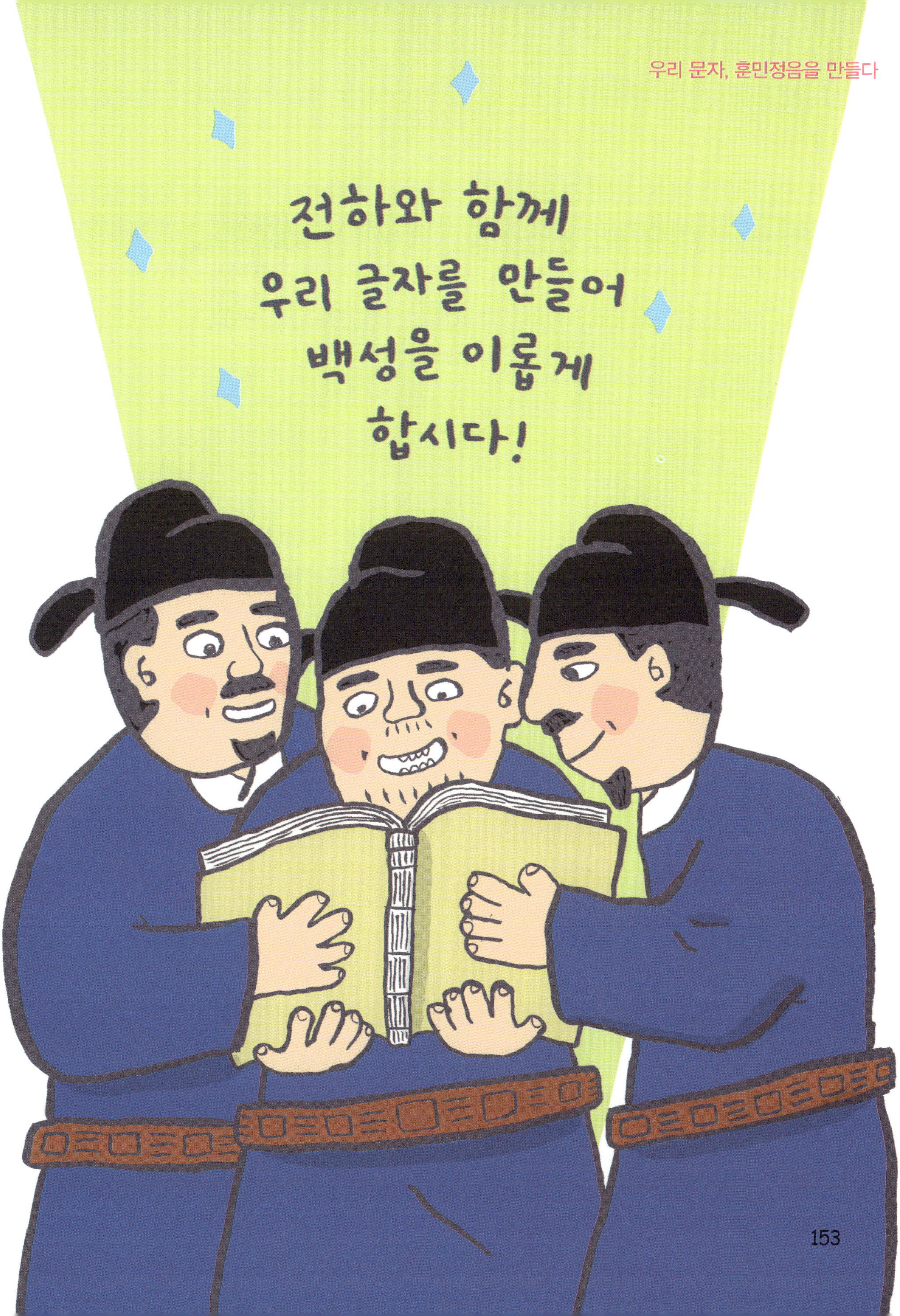

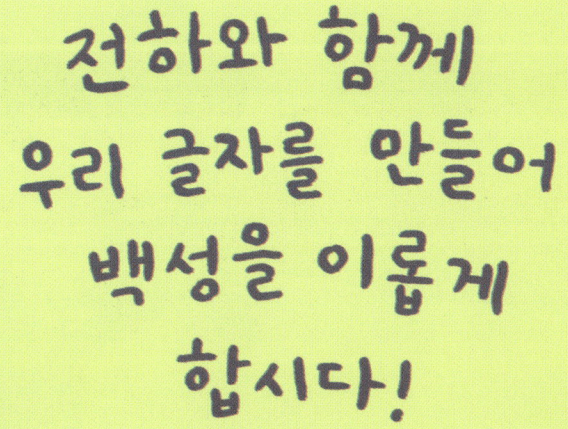

신하들에게 벌을 주었어요

훈민정음을 반대한 김문과 정창손이라는 집현전 학사 두 사람이 벌을 받았어요. 반대했다고 벌을 받은 것은 아니에요. 학문을 하는 선비의 행동에 어긋났기 때문이에요. 김문은 처음 훈민정음에 찬성했다가 나중에 마음을 바꾸어 반대했어요. 세종은 가볍게 말을 바꾼 죄로 김문에게 엉덩이 100대와 3년 동안 감옥살이를 하는 벌을 내렸어요.

우리 문자, 훈민정음을 만들다

정창손은 "얼마 전 〈삼강행실도〉를 나누어 주었을 때도 효자가 나오지 않았습니다. 사람의 행동은 아는 것이 아니라 마음가짐에서 나오는 것이기 때문입니다. 마찬가지로 〈삼강행실도〉를 훈민정음으로 써 보여 주어도 바뀌지 않을 것입니다."라고 말했지요. 이에 세종은 "그대 말대로라면 옛 성인의 가르침을 배울 필요가 없지 않은가? 선비가 가볍게 말하고 행동하다니 괘씸하구나."라며 벼락같이 화를 냈어요. 그리고 정창손을 관직에서 쫓아냈어요.

임금이 먼저 훈민정음을 썼어요

정음청을 설치하여 훈민정음을 널리 알려라

양반들은 훈민정음을 천한 문자라고 낮추어 '언문'이라고 불렀어요. 훈민정음에 찬성한 학사들도 훈민정음을 쓰지 않았지요. 많은 반대에도 불구하고 세종은 어떻게 하면 훈민정음으로 백성들과 마음과 뜻을 주고받을 수 있을지 생각했어요.

우리 문자, 훈민정음을 만들다

얼마 뒤, 세종은 훈민정음에 관련된 일을 하는 '정음청'을 설치했어요. 그리고 궁중 여인들에게 훈민정음을 배우게 했지요. 또한 하급 관리에게 훈민정음을 배우게 하고 백성들에게도 관가에 내는 문서를 훈민정음으로 쓰도록 했어요. 덕분에 훈민정음은 백성들 사이에 빠르게 퍼져 나갔어요.

세종은 왜 〈용비어천가〉를 지었을까요?

세종은 훈민정음을 일반 백성뿐만 아니라, 한자를 쓰는 양반들에게도 널리 알리고 싶었어요. 하지만 양반들의 반대가 걱정이었어요. 훈민정음을 처음 발표했을 때 양반들이 크게 반대했기 때문이에요. 세종은 곰곰 생각하다가, 조선 왕조를 찬양하는 노래를 훈민정음으로 짓기로 했어요.

우리 문자, 훈민정음을 만들다

'오래전부터 선조들의 업적을 조사해 왔으니, 선조들의 덕과 공을 훈민정음으로 지어야겠다. 조선 건국의 정당성을 널리 알리는 일이니 양반들도 반대하지 못할 것이다.'라고 생각했지요. 세종의 생각은 딱 들어맞았어요. 양반들은 훈민정음으로 쓴 〈용비어천가〉를 반대할 수 없었어요. 〈용비어천가〉를 반대하는 것은 조선을 반대하는 큰 죄를 짓는 것이기 때문이에요.

★용비어천가 훈민정음으로 쓴 최초의 책으로, 용이 하늘에서 나는 것을 노래한다는 뜻이에요. 여기서 용은 '왕'을 말해요.

훈민정음으로 시험을 본다고?

세종은 하급 관리 시험 문제를 훈민정음으로 내기로 했어요. 하지만 막상 훈민정음으로 시험 문제를 내려니 걱정이 앞섰어요. 혹시라도 훈민정음이 어려워 시험을 보려고 하는 사람들이 공부를 하지 않을까 봐 그랬지요. 그래서 시험 문제를 무척 쉽게 냈어요. 훈민정음으로 간단한 글자만 쓸 수 있을 정도면 합격 점수를 받을 수 있었답니다.

우리 문자, 훈민정음을 만들다

아들 수양대군에게 훈민정음으로 글을 쓰게 했어요

1446년 왕비 소헌왕후가 죽었어요. 세종은 왕비가 저승에서 복을 받고 잘 살기를 바랐어요. 그래서 아들 수양대군을 불러 말했지요. "어머니가 부처를 믿고 따랐으니 부처의 일대기를 모아 훈민정음으로 쓰는 것이 어떠하냐?" 수양대군은 어머니를 생각하며 정성을 다해 글을 지었어요. 바로 〈석보상절〉이에요. 세종은 〈석보상절〉을 보고 매우 기뻐했어요. 세종은 그 답으로 부처의 가르침을 담은 〈월인천강지곡〉을 훈민정음으로 지었지요. 두 책에는 훈민정음이 더 널리 퍼지기를 바라는 세종의 마음이 함께 담겨 있어요.

★〈월인천강지곡〉 부처의 가르침을 달에 비유한 책이에요. 달이 천 개의 강에 비추듯 부처의 가르침을 널리 퍼지게 하는 노래라는 뜻이 담겨 있어요.

훈민정음으로 직접 문서를 썼어요

조선 시대에는 나랏일을 할 때 모든 문서를 한자로 썼어요. 훈민정음을 만든 뒤에도 한자로 쓰는 것은 바뀌지 않았지요. 때문에 세종은 늘 훈민정음을 널리 알리는 방법을 생각했어요. 그러던 어느 날, 관리들이 잘못을 저질렀어요. 세종은 관리의 죄와 벌을 훈민정음으로 써서 의금부에 내려 보냈어요. 세종이 직접, 그리고 처음으로 공고문에 훈민정음을 사용한 거예요. 이처럼, 세종은 다양한 방법으로 훈민정음을 알리기 위해 노력했어요.

한국사 배움터

훈민정음으로 쓰인 작품은 어떤 것이 있을까요?

세종의 노력으로 훈민정음이 점차 자리를 잡아 갔어요. 생활에 필요한 문서뿐 아니라, 훈민정음으로 이야기를 만들기도 했지요. 그럼, 지금부터 훈민정음으로 쓴 재미있는 세 작품을 만나 보아요.

<홍길동전> 조선 중기 허균이 지은 최초의 훈민정음 소설이에요. 주인공 홍길동이 도술을 부리며 나쁜 관리들을 혼내 주는 이야기지요. 이야기도 재미있지만 당시 사회의 문제점을 보여 주어 더 의미가 있어요.

<관동별곡> 선조 때, 정철이 강원도 원주에 관찰사로 내려갔어요. 그곳에서 관동 팔경을 둘러보면서 뛰어난 경치와 그에 따른 느낀 점을 표현했지요.

<한중록> 사도세자의 부인인 혜경궁 홍씨가 지난날을 되돌아보며 쓴 이야기예요. 사도세자가 뒤주에 갇힌 일 등이 담겨 있지요. 이 작품은 주인공이 역사적 인물이고, 여인이 쓴 궁중 문학이기 때문에 역사적으로도 가치가 높아요.

인물 놀이터

조선 시대에 활약한 인물들이에요. 세종이 신뢰하던 사람들이기도 하지요. 각각의 인물들과 알맞은 그림을 연결해 보세요.

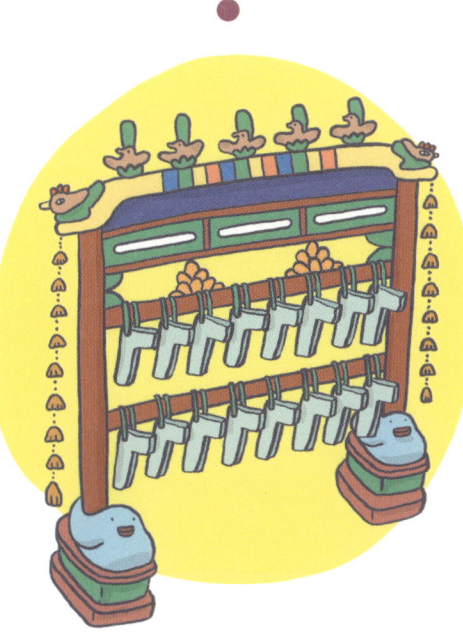

우리나라 사람들이 가장 존경하고 좋아하는 왕이 바로 세종이에요.

위대한 업적을 많이 남겼을 뿐만 아니라, 백성을 사랑한 어진 왕이었기 때문이지요.

지금 우리는 세종을 직접 만날 수는 없지만, 알게 모르게 세종과 만나고 있어요.

세종이 만든 한글을 쓰고 있는 것처럼요.

세종을 조금 더 가까이에서 만나고 싶은가요?

그럼, 나라와 백성을 위해 일생을 보낸 세종을 만나러 함께 떠나 보아요.

그리고 세종의 마음과 뜻을 되새겨 보아요.

세계로 뻗어 가는 한글

한국이 궁금한 친구들, 세종학당으로 모여라!

세종학당은 한국어와 한국의 문화를 외국인에게 가르치는 곳이에요. 세종학당에 온 외국인들과 다른 나라의 문화에 대해 이야기를 나누기도 하지요. 덕분에 세계 사람들이 서로의 문화를 배우고 나누는 장소가 되었어요. 영국, 러시아, 이탈리아, 독일, 일본, 중국, 미국, 브라질, 이집트, 나이지리아 등 2016년을 기준으로 세계 58개의 나라에 181개의 세종학당이 있어요. 지금 이 순간에도 세종학당에서 전 세계 사람들이 한글과 한국에 대해 배우고 있답니다.

21세기에도 살아 있는 세종

훈민정음, 세계 기록 유산이 되다

1962년 12월 20일, 세종이 만든 훈민정음이 국보로 지정되었어요. 훈민정음은 우리나라뿐 아니라, 세계에서도 인정하는 보물이에요. 1997년 10월에는 유네스코의 세계 기록 유산에 등재되었지요. 유네스코가 귀중한 기록물로 보존하기 위해서랍니다. 한글의 과학성과 우수성을 세계가 인정한 거예요.

한글을 칭찬합니다
세계에서 가장 과학적이고 우수한 문자는 무엇일까요? 세계 많은 학자와 작가들이 '한글'을 꼽습니다. 영국의 역사학자인 '존 맨'은 한글을 보고 감탄하며 최고의 알파벳이라고 높이 평가했어요. 또 독일의 대학 교수인 '사세'는 한글은 전통 철학과 과학 이론이 합쳐진 세계 최고 문자라고 했지요.

21세기에도 살아 있는 세종

세계적인 소설가 '펄벅'은 한글을 보고 감탄하며 "한글은 세계에서 가장 단순한 문자이고, 가장 훌륭한 문자예요. 어떤 말도 쓸 수 있으니까요."라고 했어요. 그뿐 아니라 세계의 많은 사람들이 한글을 칭찬해요.
그런데 오히려 우리나라 사람들은 한글보다 외국어를 쓰거나, 한글을 이상하게 바꾸어 쓰는 경우가 있어요. 자랑스러운 우리 글자 한글, 우리도 칭찬하고 바르게 쓰도록 노력해야 해요.

한국사 배움터

우리나라에 있는 세계 기록 유산을 찾아라!

세계 기록 유산은 유네스코가 전 세계의 귀중한 기록물을 보존하고 활용하기 위하여 만들었어요. 1997년부터 2년마다 세계적 가치가 있는 기록 유산을 뽑지요. 기록 유산의 종류에는 오래된 책이나 문서, 그림, 영상 이미지 등 여러 종류가 있어요. 2017년 현재 우리나라는 훈민정음(1997년 등재)을 비롯해 13개가 선정되었답니다.

- **〈조선왕조실록〉 1997년 등재**
조선 태조에서 철종까지 472년간의 역사적 사실을 각 왕별로 기록한 책이에요. 1413년에 〈태조실록〉이 처음 편찬되었고, 1865년에 〈철종실록〉이 완성되었지요.

- **〈승정원일기〉 2001년 등재**
승정원은 왕의 비서 기관으로, 왕을 보좌하면서 날마다 일기를 썼어요. 왕의 하루 일과와 지시 내용, 각 기관에서 신하들이 보고한 내용, 상소문 등이 실려 있어요.

- **〈직지심체요절〉 2001년 등재**
세계에서 가장 오래된 금속 활자로 인쇄된 책이에요. 여러 경전에 나오는 내용 가운데 좋은 내용을 모아 만든 불교책이지요.

- **〈조선왕조 의궤〉 2007년 등재**
조선 시대 왕실의 중요한 행사를 글과 그림으로 기록한 책이에요. 왕실의 결혼식, 세자 책봉, 임금의 행차, 장례식 등의 행사가 기록되어 있어요.

나머지 세계 기록 유산에는 〈새마을 운동 기록물〉 2013년 등재, 〈한국의 유교책판〉 2015년 등재, 〈KBS 특별 생방송 '이산가족을 찾습니다' 기록물〉 2015년 등재 이 3가지가 포함되어 있어요.

• 〈고려대장경판 및 제경판〉 2007년 등재

고려 고종 때, 16년에 걸쳐 불교와 관련된 경전을 모아서 엮었어요. 부처의 힘으로 몽골군을 물리치기 위해 만들었는데, 그 수가 8만이 넘어 '팔만대장경'이라고도 불러요.

• 〈동의보감〉 2009년 등재

허준이 선조 임금의 명으로 펴낸 책이에요. 일반 백성들도 쉽게 치료법을 이해할 수 있지요. 현재 유네스코에 등재된 기록 유산 가운데 유일한 의학책이랍니다.

• 〈일성록〉 2011년 등재

하루의 반성문이라는 뜻이에요. 왕 스스로가 자신이 한 일을 되돌아보고 나라를 더 잘 다스리려는 목적으로 썼어요. 150년간 임금들의 말과 행동을 날마다 기록한 책이에요.

• 〈5·18 광주 민주화 운동 기록물〉 2011년 등재

1980년 5월 18일, 광주에서 일어난 민주화 운동에 대한 기록물이에요. 시민의 항쟁과 가해자들의 처벌에 관한 내용이 문서와 사진, 그리고 영상으로 남아 있어요.

• 〈난중일기〉 2013년 등재

이순신 장군이 임진왜란 때 쓴 일기예요. 노량해전에서 죽기 직전까지 거의 날마다 일기를 썼어요. 전쟁터에서 겪은 이야기와 날씨, 서민의 생활 모습까지 자세하게 기록되어 있어요.

'세종'이 들어가는 말을 찾아라!

남극 세종 과학 기지

서울에서 1만 7,240킬로미터 떨어진 추운 남극 대륙의 북쪽, 킹조지섬에 우리나라 최초의 남극 과학 기지가 있어요. 바로 '세종 과학 기지'예요. 대기와 땅, 지구, 생물, 바다, 우주에 대해서 연구를 하지요.

그런데 왜 과학 기지에 세종의 이름을 붙였을까요? 바로 세종이 과학을 가장 많이 발전시킨 임금이기 때문이랍니다.

21세기에도 살아 있는 세종

소행성 '7365 세종'

일본의 천문학자 와타나베 가즈오가 별을 관찰하다가, 화성과 목성 사이에 있는 작은 소행성을 발견했어요. 와타나베 가즈오는 소행성에 세종의 이름을 따 붙였어요.

'7365 Sejong, 1996 QV1'

일본 사람들은 다른 나라의 왕을 왜 소행성 이름으로 정했는지 물었어요. 와타나베 가즈오는 망설이지 않고 대답했어요.

"백성을 위해 문자를 만들었고, 과학 발전에도 힘쓴 세종이 세상에서 가장 위대한 왕이라고 생각하기 때문입니다."

저 별은 세종 별!

유네스코에서 만든 세종 대왕상

세종 대왕상의 정식 이름은 '세종 대왕 문해상'이에요. 전 세계에서 글을 모르는 사람을 깨우쳐 알게 한 단체나 사람에게 주는 상이지요. 상 이름에 세종의 이름이 들어간 까닭은 무엇일까요? 세종이 글을 모르는 백성을 위해 쉽게 배우는 한글을 만들었기 때문이에요. 또한 백성을 사랑하는 마음으로 한글을 만든 세종의 정신을 기리기 위해서지요. 유네스코는 1990년부터 세종 대왕상을 정해 누구나 글을 읽고 쓸 수 있도록 노력하고 있어요.

화폐의 모델이 된 세종

돈에는 모두 그림이 있어요. 역사적으로 의미가 있는 장소나 물건, 그리고 국민에게 존경받는 사람을 그리지요. 우리나라 돈에는 세종이 가장 많이 나와요. 자그마치 네 종류의 화폐에 나왔지요. 세종이 백성을 사랑한 마음처럼 우리 후손들도 세종을 좋아하고 존경하기 때문이랍니다.

세종을 만나러 가 보자

세종 대왕 영릉과 유물 전시관

영릉은 조선 4대 임금 세종과 왕비 소헌왕후의 무덤이에요. 2009년 유네스코 세계 문화 유산에 올랐지요. 영릉으로 올라가다 보면, 유물 전시관 세종전과 야외 전시장이 있어요. 세종의 업적을 한눈에 볼 수 있지요. 세종전 안에는 과학 기구와, 악기, 책 등이 진열되어 있고, 밖에는 앙부일구, 자격루, 측우기, 혼천의 등이 있답니다.

세종 대왕의 여러 업적을 보러 오세요.

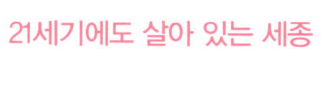

세종 대왕 기념관

세종 대왕 기념관은 세종의 덕과 업적을 기리기 위해 만든 기념관이에요. 세종의 일대기실, 한글실, 과학실, 국악실 등 네 개 전시실로 이루어져 있지요. 각 전시실에서는 세종이 왕위에 있었던 32년간의 업적을 담은 그림과 〈훈민정음〉, 〈용비어천가〉, 〈향약집성방〉, 〈월인천강지곡〉 등의 책들, 그리고 과학 기구와 악기 등을 볼 수 있어요.

광화문역에서 만나는 '세종이야기'

광화문역에 마련된 세종의 생애와 업적을 첨단 전시 기법으로 구현해 놓은 전시관이에요. 전시관에 가면 세종의 품성과 취미는 물론, 한글, 과학, 군사, 그리고 백성을 사랑하는 세종의 이야기를 영상으로 만날 수 있답니다.

21세기에도 살아 있는 세종

국립한글박물관

한글의 역사와 가치를 널리 알리고 일깨우는 박물관이에요. 전시관을 둘러보고 직접 배우고 체험을 할 수 있지요. 어린이와 외국인을 위한 한글 놀이터, 한글 배움터가 있고, 인형극, 소리극 등 공연과 한글에 관련한 전시 등 다양한 문화 행사를 해요.

인물 놀이터

다음 그림은 경복궁 담벼락이에요.
경복궁 담벼락에 있는 글자를 보고,
세종 때에 지어진 책이나 발명된 것들을 찾아보세요.
총 다섯 개가 숨어 있어요.

```
영 상 대 감
조 사 마 중
금 화 도 감
조 기 부 상
농 경 사 회
민 사 제 의
신 동 직 감
분 업 사 설
```

정답

▼ 34~35쪽

▼ 72~73쪽

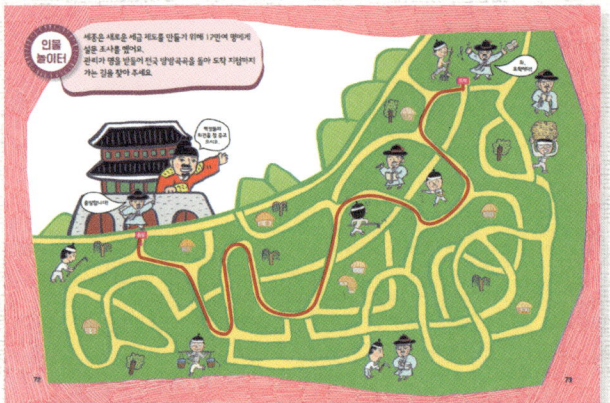

▼ 124~125쪽

▼ 164~165쪽

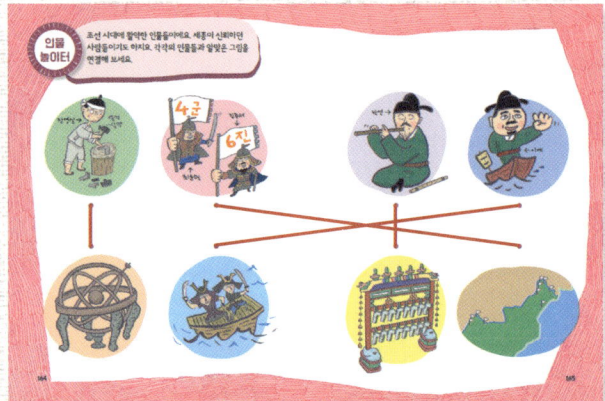

▼ 182~183쪽

<경국대전>은 조선 시대 법전으로, 조선의 7번째 왕 세조 때 집필을 시작해 9번째 왕 성종 때 완성되었어요.